毛泽东与新中国水利工程建设

尹传政◎著

人民出版社

目　　录

第一章 "要把黄河的事情办好"

毛泽东有一句名言:"我们可以藐视一切,但不能藐视黄河,藐视黄河,就是藐视我们这个民族。"治理黄河,是几千年来中华民族的共同期望。"黄河清,圣人出",人们把希望寄托在尧、舜、禹等圣人身上,然而真正治理黄河的伟大时代却是从新中国、毛泽东开始的。

毛泽东多次视察黄河,直到1963年,他还提出要去探访黄河源头,为此汪东兴专门作了布置安排。可惜,毛泽东骑马沿黄河考察这一伟大而又浪漫的设想,因为"文革"的爆发而未能实现。

把黄河——中华民族的母亲河治理好，是毛泽东毕生的愿望。在战火纷飞的年代，由于革命事业的需要，毛泽东带领中国共产党人以黄河为依托，发展壮大了革命队伍，使中国革命转危为安，为中国革命的最终胜利奠定了基础。在新中国成立后的和平建设时期，毛泽东以治理黄河水患为己任，心系黄河两岸百姓的安危，亲历亲行考察黄河，发出了"要把黄河的事情办好"的号召。在毛泽东的领导下，黄河不仅得到了全面治理，改写了黄河的泛滥史，还化害为利，使黄河造福人民。

一、黄河的泛滥与治理

（一）黄河的千年水患

黄河是中国的第二大河流，全长达 5464 公里，整个流域面积752443 平方公里。黄河从青海的约古列渠发源，流经青海、甘肃、宁夏、内蒙古、陕西、山西、河南、山东等省区，最后注入渤海。黄河是哺育中华民族的母亲河，它孕育了灿烂的中华文明，黄河流域是我国古代文明的发源地之一，在很长一个时期内是全国的政治和经济中心。尤其是在农耕时代，黄河在中华民族的历史发展中的地位更加突出。

经过长期的开发，新中国成立之初，黄河在工农业生产方面仍然占有非常重要的地位。根据 1954 年的统计，黄河流域的耕地面积，占全国耕地面积的 40%。就整个农业耕种面积而言，小麦播种面积占了全国的 61.7%，各种杂粮播种面积占了全国的37%—63%，棉花播种面积占全国的 57%，烟叶播种面积占全国的 67%。黄河流域地下矿产丰富，有煤、石油、铁、铜、铝和其他大量矿藏。①

然而，黄河流域的地形容易导致大规模洪水泛滥。整个黄河的地理走势是西高东低，呈现阶梯状分布，从而带来了明显的落差。在黄河上游，从玛多至下河沿河段：河道长2211.4公里，水面落差2985米，是黄河水力资源的富矿区。下河沿至河口镇河段：河道长990公里，区间流域面积17.4万平方公里（含内流区），水面落差246米。中游河段长1206.4公里，流域面积34.4万平方公里，占全流域面积的43.3%，落差890米。黄河桃花峪至入海口为下游，河道长785.6公里，落差94米。这种地形在产生较为丰富的水能的同时，也容易引发水患。因为在这种地势作用下，整个黄河流域的水势都由西向东产生了强劲的下泄力，冲刷着河道，极容易导致河堤决口。

黄河流域的气候导致了黄河中下游地区多水患。就整个黄河的流域气候而言，上游是温带大陆性气候，而中下游地区主要是温带季风性气候，这种气候的特点就是雨季主要集中在夏季，有时秋季降雨也非常丰富，所以容易引发夏汛和秋汛。每年7、8月份，随着季风的到来，东南沿海大量的湿气在地形以及西北冷空气的作用下，产生了大量降水。黄河流域每年降雨量的一半左右经常集中在夏季的7、8两个月，在这个时期，有时一个地方一个月的降雨量可以达到七八百毫米；而且夏季的降雨多是暴雨，有时一个地方一天可以下150多毫米。这种夏季的集中降雨经常造成洪水暴涨，被称为"伏汛"。黄河在陕西境内支流很多。如果夏季暴雨的面积较大，几个支流同时涨水，就会造成特大洪水。如黄河在河南陕县的平均流量每秒只有1300立方米/秒，但在1933年夏季的最大洪水

---

① 《历次全国水利会议报告文件（1949—1957）》，水利部办公厅1957年编印，第455页。

流量曾达到 22000 立方米／秒。据记载，1843 年的最大洪水流量达到了 36000 立方米／秒。

除了地形、气候条件之外，黄河水患的发生还与其特殊的含沙量有着较大关系。由于黄河流经黄土高原地区带来了大量泥沙，以及长期对黄河流域的开发导致植被大量减少，容易造成水土流失，加上夏季暴雨集中等原因，黄河成为世界上含沙量最大的河流。黄河的含沙量居世界第一位。有这样一个比较，在每立方水的含沙量中埃及的尼罗河是 1 公斤，苏联的阿姆河是 4 公斤，美国的科罗拉多河是 10 公斤，而黄河在河南段的陕县达到了 34 公斤。黄河每年流到下游和入海的泥沙达到了约 16 亿吨，有人曾经做过计算，如果把这些泥沙堆成高宽各 1 公尺的土坝，就能够绕地球 23 圈。而这些泥沙在顺水而下的时候，到了下游随着地势逐渐变得平缓而开始沉淀，日积月累，最终使得黄河河道逐年增高，形成了地上河，这就在很大程度上加剧了黄河的水患，一旦洪水来临，往往容易导致堤岸决口，决口之后会造成千里黄泛区的悲惨景象。

由于黄河流域的特殊水情、河情、地形和气候等多种因素的影响，最终导致了黄河的发展历史始终与水患相伴，黄河下游在 3000 多年中发生泛滥、决口 1500 多次。在历史上黄河流域的每次大水患都会伴随着黄河的大改道，据统计，自春秋到清末，重要的改道 26 次，其中大的改道达 9 次。改道最北处是经海河出大沽口，最南处是经过淮河进入长江。因此，黄河水患往往波及海河流域、淮河流域和长江下游。黄河每次泛滥、决口和改道都给人民群众的生命财产造成了惨重损失。以 1933 年的洪水为例，这次洪水造成的决口多达 50 余处，受灾面积大约有 11000 多平方公里，受灾人口 364 万多人，死亡达 18000 多人，财产损失以当时的银洋计算约合 23000 万元。

（二）根治黄河梦难圆

人类文明的发源无一不与水有关。如古代的巴比伦文明、埃及文明、印度文明等都是依托于大江大河，都是以大江大河作为摇篮。这种情况一方面说明在农耕时代，人们主要从事农业生产，而大江大河经年累月的水土淤积使其土质肥沃；另一方面人们居住在沿河地带也便于灌溉农田。当然，在人类被迫依河而居的年代，他们也面临着水患，可以说，中华文明的发展始终伴随着对黄河水患的治理。正如有人所说："一部中华文明的发展历史，在一定的意义上就是中华民族与洪涝、干旱作斗争而不断前进的历史。千百年来，在中华民族以农业立国的历史进程中，水利文明自始至终发挥着决定性的作用。治水活动不仅参与了中华物质文明的创造，而且参与了精神文明的创造。从这个意义上说，中华民族创造的一切物质财富和精神财富都蕴含着治水的成果。在治水的活动中，先民们创造了灿烂的古代中国文明——黄河文明。"[①]

黄河作为中华民族的母亲河，也是一条多灾多难的河流。从中华文明产生之日起，对黄河水患的治理就从来没有间断过。在中国远古时代的神话故事中就有大禹治水，而大禹在当时主要治理的就是黄河，大禹治水的故事在中国可谓人尽皆知。

然而，纵观整个黄河治理过程，由于受到生产力水平的限制和其他因素的制约，黄河始终没有得到根本治理。正如有人所说的："一切过去时代治理黄河的人都没有能从根本上解决黄河问题。这是因为他们限于社会的条件和科学的、技术的条件，只是想办法在黄河下游送走水，送走泥沙。禹'凿龙门''疏九河'的神话，表明送走水、送走泥沙的想法和做法是很古老的。潘季驯提出的'筑

---

① 张纯成：《生态环境与黄河文明》，人民出版社 2010 年版，第 23 页。

堤束水，以水攻沙''疏九河'的著名口号，也仍然没有超出这个范围，当然，在不能根治黄河的条件下，在下游'束水'总比任水泛滥好，'攻沙'总比任沙淤积好。但事实已经证明，水和泥沙是'送'不完的，送走水、送走泥沙的方针是不能根本解决问题的。"①

二、毛泽东视察黄河："我是到了黄河也不死心。"

（一）"我们可以藐视一切，但不能藐视黄河"

毛泽东常说："我是农民的儿子。"这就不难理解他对黄河的特殊情感。因为黄河孕育了华夏的农业文明，创造了一个伟大的农业文明古国，所以世代农民对黄河始终怀有一份特殊的感情。但说到毛泽东与黄河的结缘还要从革命战争年代谈起。

众所周知，在党的六届四中全会上，以王明为首的"左"倾错误路线开始在党中央占据统治地位，并直接导致中央苏区第五次反"围剿"的失利，中央红军不得不进行长征。1936 年 10 月红军三大主力在甘肃会宁、静宁地区胜利会师，这次会师不仅意味着长征的胜利结束，也预示着中国革命的战略重心由南方转移到了陕甘宁根据地，而陕甘宁根据地位于陕西、甘肃和宁夏三省的交界处，恰巧处在黄河边上，这就使得毛泽东与黄河结下了不解之缘。毛泽东在陕北一待就是十几年，对黄河的特殊感情不言而喻。在这位革命领袖的眼里，"黄河不仅是中华民族的摇篮，也是革命事业的摇篮"。②1936 年，他带领红军由绥德渡黄河东征抗日，写下《沁

---

① 《历次全国水利会议报告文件（1949—1957）》，水利部办公厅 1957 年编印，第 463 页。

② 林一山、杨马林：《中国出了个毛泽东——功盖大禹》，中共中央党校出版社 1993 年版，第 42 页。

园春·雪》的不朽诗篇："望长城内外，惟馀莽莽；大河上下，顿失滔滔，山舞银蛇，原驰蜡象，欲与天公试比高。"毛泽东对黄河发出这样的感慨，不仅表达了对黄河在历史上孕育出的无数英雄人物的敬意，还对中国共产党高举抗日民族统一战线的伟大旗帜团结全国各民族进行抗战充满期待之情。全面抗战爆发后，八路军东渡黄河天险奔赴抗日前线。在抗战时期，毛泽东始终以黄河精神鼓舞全党全军乃至整个中国的抗战。

　　他在延安的窑洞里，写出了一系列不朽的著作。比如，1938年的《论持久战》，不仅有力回击了"亡国论"，也批评了当时流行的"速胜论"，更是明确指出抗战胜利必须经过战略防御、战略相持和战略反攻三个阶段，最后胜利属于中国。1940年的《新民主主义论》指明了抗战胜利后乃至更远将来的革命斗争方向，中国共产党人"多年以来，不但为中国的政治革命和经济革命而奋斗，而且为中国的文化革命而奋斗；一切这些的目的，在于建设一个中华民族的新社会和新国家。在这个新社会和新国家中，不但有新政治、新经济，而且有新文化"。除此以外，还有一篇篇指导和解决中国革命实际问题的伟大著作，比如《矛盾论》《实践论》《为人民服务》《愚公移山》等不朽著作，丰富了毛泽东思想的理论体系，使毛泽东思想日渐走向成熟，并使之成为中国革命的指导思想。

　　到了解放战争时期，毛泽东曾率领党中央转战陕北。1947年是解放战争发生重大转折的一年，经过整整一年的浴血奋战，解放军不仅粉碎了国民党的重点进攻，还开始了战略反攻。1947年，毛泽东在陕北佳县神泉堡起草了《中国人民解放军宣言》，明确提出：一、联合工农兵学商各被压迫阶级、各人民团体、各民主党派、各少数民族、各地华侨和其他爱国分子，组成民族统一战线，打倒蒋介石独裁政府，成立民主联合政府。二、逮捕、审判和惩办以蒋介石为首的内战罪犯。三、废除蒋介石统治的独裁制度，实行人民民主制度，保障人民言论、出版、集会、结社等项自由。四、废除蒋介石统治的腐败制度，肃清贪官污吏，建立廉洁政治。五、没收蒋介石、宋子文、孔祥熙、陈立夫兄弟等四大家族和其他首要战犯的财产，没收官僚资本，发展民族工商业，改善职工生活，救济灾民贫民。六、废除封建剥削制度，实行耕者有其田的制度。七、承认中国境内各少数民族有平等自治的权利。八、否认蒋介石独裁政府的一切卖国外交，废除一切卖国条约，否认内战期间蒋介石所借的一切外债。要求美国政府撤退其威胁中国独立的驻华军队，反对任何外国帮助蒋介石打内战和使日本侵略势力复兴。同外国订立平等互惠通商友好条约。联合世界上一切以平等待我之民族共同奋斗。在《宣言》起草完成后，毛泽东决定去葭县观看黄河。葭县城坐落在黄河右岸，或许是看到革命斗争胜利在望的缘故，毛泽东深深地被黄河岸边的景色所吸引，看着夕阳、晚霞、松柏和奔流而来的黄河，不由地赞叹道："真美啊！"并若有所思地说道："自古道，黄河有百害而无一利，这种说法是因为不能站在高处看黄河。站低了，就只见洪水，不见河流！"他深有感触地对随行的人员说："没有黄河，就没有我们这个民族啊！……不谈五千年，只论现在，没有黄河天险，恐怕我们在延安还待不了这么久。抗日战争中，黄河替我们挡住了日本帝国主义。即使有害，只要有这一条，也该减轻罪过。"[①] 然而，正当毛泽东沉浸在对黄河的感慨和无限遐想之中时，在城楼上的他被老乡们认出来了，人们高呼："毛主席来了！毛主席来了！""毛主席万岁！""毛主席万岁！"毛泽东向大家招手致意："乡亲们好！同志们好！"类似的场景在

---

① 林一山、杨马林：《中国出了个毛泽东——功盖大禹》，中共中央党校出版社1993年版，第43页。

那一时期是十分常见的。事实上，毛泽东主席对黄河的热爱是无处不在的，也是真挚的。在转战到邱家坪时，他工作了一夜，第二天早上临时改变了去参观造纸厂的计划，再次带着身边的警卫去参观黄河，而且在黄河边上看了一个又一个地方，久久不愿意离去。①

毛泽东第二次东渡黄河是在解放战争时期的1948年3月。他带领中央机关由吴堡渡河，转移到河北省平山县西柏坡。登上黄河东岸时，他望着滔滔河水，留下了一句名言："我们可以藐视一切，但不能藐视黄河，藐视黄河，就是藐视我们这个民族。"他还表示："将来全国解放了，我们还要利用黄河水浇地、发电，为人民造福。那时，对黄河的评价更要改变了！"由此可见，这位叱咤风云的伟人对黄河的认识是十分深刻的，既充满了对母亲河的厚爱和崇敬，又表达了对黄河特性的理解与宽容，反映出了伟大政治家对自然规律的尊重和对治黄工作复杂性的高瞻远瞩。

（二）"要把黄河的事情办好"

治理黄河，是几千年来中华民族的共同期望。"黄河清，圣人出"，人们把希望寄托在尧、舜、禹等圣人身上，尽管沿黄河两岸，修了那么多禹王庙，但河没有清，圣人也没有出，真正治理黄河的伟大时代，是从新中国、毛泽东开始的。新中国诞生后不久，国家百废待兴，毛泽东就把治理黄河作为开国大政提到了议程上。而向来注重调查研究的毛泽东，为了治理好黄河，决定亲自视察黄河，制定和研究治理方案。

---

① 林一山、杨马林：《中国出了个毛泽东——功盖大禹》，中共中央党校出版社1993年版，第44页。

　　1952 年 10 月，中央政治局考虑到毛泽东日夜操劳，建议他休假。但毛泽东心中装着人民，始终关注着黄河的治理，决定利用休假的时间亲自考察黄河。于是他前往天津、河北、山东和河南等地考察，主要是实地视察黄河，了解黄河的治理实情，杨尚昆、罗瑞卿、滕代远和黄敬等随行。25 日，毛泽东离开了北京，26 日上午，在天津同黄火青、吴德等人谈话。26 日下午 6 点到达山东济南，同山东分局许世友、高克亭、王卓如等领导谈话，听取山东工农业生产和发展地方工业等情况的汇报。

　　27 日，重点视察了济南附近的黄河地段。毛泽东站在河堤上详细询问黄河的具体情况，"这一段的黄河底比济南城地面高出多少？山东省水利部门的专家回答说：要高出 6 米到 7 米。毛泽东听后，沉吟良久。之后，他告诉山东省的负责同志，一定要把这一段的大堤修牢固，雨季发大水时，要组织军队和民兵到大堤上去防守，同时也要防止黄河侧渗。千万不要出事。在修牢大坝的同时，也要考虑变害为利，可以考虑引黄河水灌溉，造水田，疏通小清河排水，让群众吃上大米，少吃地瓜。第二天，毛泽东乘专列到徐州。他登上云龙山顶，察看黄河故道，并指示：要把黄河故道治好，变害为利。山上山下、城市道路两旁，要多栽树，防风固沙，改善人民生活环境。"① 为了更全面地了解黄河的情况，毛泽东于 29 日乘专列到达河南兰封县（即今兰考县）。

　　"30 日，他察看了黄河大堤，并问黄河水利委员会主任王化云：这一带的堤坝牢不牢，每年是否加固一次？王化云回答：这一带大堤每年都加固一次，是很牢靠的，肯定不会出问题。毛泽东

---

① 周文姬、霞飞：《开国之初毛泽东亲自抓的四大水利工程》，《党史博览》2009年第 8 期。

听后，十分满意。中午，毛泽东乘专列直驶开封，在专列上听取了王化云的治黄汇报，与他们一起商谈治理黄河的问题。谈话中，毛泽东了解了黄河枯水期的情况，首次提出了南水北调的设想。他说：南方水多，北方水少，可以从南方借一点水来，注入黄河。专列到达开封后，毛泽东一下车，就去柳园口大堤考察。站在柳园口大堤上，毛泽东望着堤下的村庄，不禁叹道：'真是"悬河"！'他告诉随行的河南省委负责人和黄河水利委员会主任，大坝要切实修牢，发大水时，如果发现有危险，要党政军民一齐上，万万不能出事。"①

31 日早晨，毛泽东前往郑州之前，告诉河南省委负责人："要把黄河的事情办好。"当毛泽东乘坐的专列抵达郑州后，他下车登上邙山山顶，眺望黄河水势。他乘专列通过黄河铁桥到北岸，换车到新乡，毛泽东徒步考察了引黄渠。走进引黄灌溉大闸管理处，毛泽东听取管理人员介绍大闸的功能。他提出要打开大闸，实际看一看。管理人员说：现在没有电，打开大闸要人用手摇。毛泽东听后，脱去大衣，说：我们一起把大闸摇开。毛泽东和大闸管理人员、随行人员一起，摇开了引黄灌溉大闸。看到黄河水流进灌溉渠道，毛泽东放心了。他说：这就是变害为利，黄河沿岸每个县都建一座这样的引黄灌溉大闸就好了。②

在第一次视察黄河的过程中，他着重听取了黄河水利委员会主任王化云的汇报，实地考察了 1855 年黄河在兰封东坝头决口改道的地方、开封北郊柳园口河段悬河的险要地势和竣工不久的人民胜利渠渠首闸等地，仔细询问了工程建设情况和治

---

① 周文姬、霞飞：《开国之初毛泽东亲自抓的四大水利工程》，《党史博览》2009 年第 8 期。

② 周文姬、霞飞：《开国之初毛泽东亲自抓的四大水利工程》，《党史博览》2009 年第 8 期。

黄初步规划等，并且还深入田间地头与农民聊天，了解当地民情。他仔细询问了修筑三门峡大坝需要移民的情况、灌溉发电的情况。

郑州市金水路黄委会的大门外有一块长长的石碑，刻着一行大字："要把黄河的事情办好。"字迹显见就是毛泽东的。

不少人认为，这个字是毛泽东亲笔题写的。有记者查阅当年的档案，试图寻找毛泽东题写此指示的记录，但只找到了下面这段话："1952年10月31日早上，天还没有亮，毛主席已经坐进专列。河南省委书记张玺、省长吴芝圃、省军区司令员陈再道、黄委会主任王化云赶到开封车站送行。毛主席吩咐大家要把黄河的事情办好，省领导回答说，一定遵照毛主席的指示，治好黄河。一会儿，专列发出了开车的讯号……"

实际上，毛泽东并没有题写"要把黄河的事情办好"这9个字，那是他临离开开封时在火车上说的一句话。黄委会门前石碑上的字，是从毛泽东的书法里挑出来拼成的。

把黄河——中华民族的母亲河治理好，是毛泽东毕生的愿望。1952年，毛泽东第一次外出视察，就是视察的黄河。据陪同的侯波等人回忆，毛泽东说过去的封建帝王不能治理，我们现在是社会主义国家，如果同样也不能治理黄河，我们就枉为社会主义国家的称号。我们一定要把黄河治理好。李白说"黄河之水天上来"，那我就要骑着毛驴到天上去，从黄河源头一直到黄河的入海口，我要看看黄河究竟是怎么一回事。在此后的十多年里，毛泽东多次视察黄河，亲自关注黄河上建设的一系列重大工程。1958年8月7日，他视察兰封东坝头，就打算横渡黄河。1959年9月21日，在山东泺口险段，他对省委书记舒同说，全国大江大河都游过了，就是还没有游过黄河。我明年夏季到济南来横渡黄河。直到1963年，他还提出要去探访黄河源头，为此汪东兴专门作了布置安排。

其后，毛泽东准备骑马沿黄河考察的伟大而又浪漫的设想，因为"文革"的爆发而未能实现，但对黄河的那份热爱、那份执著却永载史册。

（三）关注黄河治理

1954 年冬，毛泽东在到南方视察返京途经郑州时，在郑州火车站的专列上第三次专门听取了黄委会负责人王化云、赵明甫二人关于治黄工作的汇报，并着重谈了水土保持和治理规划问题，强调一定要注意黄河的治理问题。在听取汇报后，毛泽东还把汇报时用的图纸带回了北京。

1955 年 6 月，毛泽东再次来到郑州，在河南省委北院的二楼会议室里第四次专门听取了治黄工作汇报，这次他关心的热点是关于黄河治理规划的实施问题。

在听取汇报过程中，毛泽东说："黄河每年流入三门峡水库十几亿吨泥沙，泥沙淤积怎么办？历史上治理黄河有堵、疏的争论，有两种不同的治理办法。"[①]毛泽东把话停下来，王化云接着汇报黄河上游搞水土保持试点的情况。毛泽东说："这是治本的办法，但黄土高原面积大，人口少，任务艰巨，堵、疏、水土保持都可以搞。黄河水利委员会是治理黄河的专门机构，省委要支持把治理黄河这件大事办好。历代王朝都治理黄河，都没有治好，我们共产党人一定要把黄河治理好，你们的责任很大呀！"[②]毛泽东还特别关心地问起了 1954 年制订的黄河治理规划的落实情况，王化云告诉毛泽东，按照根除黄河水害、开发黄河水利的指导思想和综合利用、梯级开发黄河水利水电资源的原则，先后安排了水土保持、引黄灌

---

① 唐正芒、夏艳：《毛泽东日常谈话中的黄河情结》，《党史博览》2018 年第 1 期。

② 唐正芒、夏艳：《毛泽东日常谈话中的黄河情结》，《党史博览》2018 年第 1 期。

第一章 『要把黄河的事情办好』

13

溉、干流水库等工程，其中干流三门峡和刘家峡工程是近期建设的重点。毛泽东还问起人民胜利渠盐碱化的问题解决了没有、黄河下游能否搞航运网。王化云回答说，人民胜利渠盐碱化问题已基本解决了；将来经过治理黄河，泥沙少了，"南水北调"工程成功了，黄河航运不成问题。

（四）"'不到黄河心不死'，我是到了黄河也不死心。"

1959 年 9 月 20 日，毛泽东从庐山赶回北京，在路过济南时停留了下来，他决定再次视察黄河。当天下午 4 点，毛泽东在山东省委书记、省长谭启龙陪同下，乘车来到了济南市洛口镇西边的黄河大堤上。

9 月是华北平原的丰收时节，浩浩荡荡、浊水淼淼的黄河两岸一派丰收的景象，到处都是火红的高粱、金黄色的水稻、饱满的玉米、露白的棉桃，丰收的景象让人欣喜不已。这也正是黄河的伟大贡献，它用自己流淌的黄水浇灌了万亩良田，让新中国的百姓能够丰衣足食。毛泽东决心治理好和利用好黄河，以致不放过黄河治理的每一个细节。当他走到洛口 43 号石坝上时，他指着一条突入河中的石坝问："这是什么？"山东黄河河务局的干部回答道："这是险工，险工的作用在于防止黄河的水流冲刷大堤堤脚，是一种护堤工程。"为了得以近距离观察石坝，毛泽东沿着石坝一直走到了前沿，同时问随行人员，"黄河的水有多深？夏季水有多大？"黄河水利人员回答道："这段黄河最深的地方大概有十几米，夏季最大的洪峰流量为每秒 36000 立方米左右。"听到黄河这些水量时，毛泽东对随行人员就表示："黄河水现在利用得还不够，还可以充分利用。"事实上，对于用黄河水灌溉农田毛泽东始终有自己的观点。比如，毛泽东主张在黄河流域修建水库，但不主张修建泥水库，换句话说，不主张拦截泥沙，因为黄河的泥沙不仅是沙土，还是黄河冲积平原的肥料，在农田引进黄河水灌溉时，不仅对农田进行了浇灌，还进行了施肥，因此，他提出在黄河沿岸的每一个县都建一个引黄灌溉闸，实现浇田与施肥相结合。

在黄河岸边上，毛泽东出于个人的爱好，又问黄河河务局的干部，"黄河里能不能游泳?"河务局的干部回答道："据我了解，不能游泳。因为黄河水泥沙多，还有很多漩涡，下去有危险。"毛泽东之所以提出这个想法，主要是因为他本人太喜欢游泳了，并以游泳作为征服大江大河的象征和锻炼体魄的方式，更重要的是，他此前已经游过长江、湘江、赣江、珠江、钱塘江以及十三陵水库和密云水库，游长江的次数更多。此时身边其他的随行人员都趁机劝说他不能游泳。毛泽东则对身边的随行人员说："是水就能游泳。"还感慨道："黄河是伟大的，是我们中华民族的起源，人说'不到黄河心不死'，我是到了黄河也不死心。"

（五）割舍不去的黄河情结

虽然毛泽东畅游黄河的愿望没有实现，但他始终没有忘记黄河，对于毛泽东与黄河的这份不解之缘，正如作家梁衡所描述的那样："毛泽东智慧超群，胆识过人，一生无论军事、政治都有出其不意的惊人之笔，让人玩味无穷。但有一笔更为惊人，只可惜未能实现。"

在 1959 年 4 月 5 日召开的中共八届七中全会上，毛泽东在谈到黄河时说："如有可能，我就游黄河、游长江。从黄河口子沿河而上，搞一班人，地质学家、生物学家、文学家，只准骑马，不准坐卡车，更不准坐火车，一天走 60 里，骑马 30 里，走路 30 里，骑骑走走，一路往昆仑山去。然后到猪八戒去过的那个通天河，从长江上游，沿江而下，从金沙江到崇明岛。国内国际的形势，我还可以搞，带个电台，比如，从黄河入海口走到郑州，走了一个半月，要开会了我就开会，开了会我又从郑州出发，搞它四五年就可以完成任务。我很想学明朝的徐霞客。"

1960年毛泽东的专列经过济南，他对上车向他汇报工作的山东领导舒同、杨得志等同志再次表达了对黄河的感情："我就是想骑马沿着两条河走，一条黄河，一条长江。如果你们赞成，帮我准备一匹马。"

1961年3月23日，毛泽东在广州说："在下一次会议或者什么时候，我要做点典型调查，才能交账。我很想恢复骑马的制度，不坐火车，不坐汽车，想跑两条江。从黄河的河口，沿河而上，到它的发源地，然后跨过山去，到扬子江的发源地，顺流而下。不要多少时间，有三年时间就可以横过去，顶多五年。"1962年，他的一个秘书调往陕西，他说："你先打个前站，我随后骑马就去。"1964年，他已经70多岁高龄，还一再提出要徒步策马上溯黄河源头，进行实地考察，念念不忘治理与开发黄河。

1972年，毛泽东大病一场，刚好一点，他就说："看来，我去黄河还是有希望的。"由于各种历史原因，毛泽东最终没有实现他再一次考察黄河、在黄河中游泳的心愿，这也成了他永远的遗憾。但是，他对黄河的情感和关注，一直伴随他终生。

三、黄河治理总规划

千年的黄河水患给中华民族带来了无穷的灾难，黄河治理始终被以毛泽东为代表的中国共产党人视为一项重要任务。根据毛泽东提出的"要把黄河的事情办好"的指示，党和政府开始全面治理黄河，专门设置了黄河治理机构，制定了黄河治理的规划并加强了调查研究。

（一）治理机构的设置

治理黄河的专门机构就是黄河水利委员会，隶属于水利部。在解放战争时期，中国共产党就十分注意黄河水利的建设，设置了专门的机构。1946年，冀鲁豫解放区行政公署成立冀鲁豫解放区黄河水利委员会，渤海解放区行政公署成立山东省河务局。1948年，华北人民政府水利委员会成立河南第一修防处。1949年6月，华北、中原、华东三大解放区成立三大区统一的治河机构——黄河水利委员会。7月1日，黄河水利委员会在开封城隍庙街开始办公。8月，成立平原黄河河务局。1950年1月，黄河水利委员会改为流域机构，所有山东、河南、平原三省治河机构统受黄河水利委员会领导。会机关设秘书、人事、供给、工务、计划、测验六处，负责黄河全流域的治理和开发工作。

为专门搞好黄河的治理与开发，1950年1月25日，中央人民政府决定设立黄河水利委员会为流域性机构，任命王化云为黄河水利委员会主任。该机构隶属于中华人民共和国水利部领导，统一领导和管理黄河的治理与开发，并直接管理黄河下游河南、山东两省的河防建设和防汛工作，以及两省的黄河河务局和沿河地、市、县的河务部门。这些河务部门既是黄河水利委员会（以下简称黄委会）的直属单位，又是各个省、地、市、县政府的一个职能部门，这种条、块相结合的水利体制的形成，不仅有利于组织沿河各省的治河，还能有效地加强对黄河的防护和管理，对保障整个黄河防洪起到了重要的作用。6月，成立黄河防汛总指挥部，受中央防汛总指挥部领导，黄河水利委员会设黄河防汛办公室，为黄河防汛总指挥部的办事机关，下游三省均设防汛指挥部。

中华人民共和国成立后设立水利部，隶属于政务院，首任部长傅作义。其主要的职责就是建设新中国的水利，治理大江大河，当然也包括黄河。

（二）最初的勘察黄河报告

鉴于黄河在中国治水史上的特殊地位，从 1950 年 6 月 27 日至 7 月 14 日，由水利部牵头对黄河进行了全面勘探。参加这次勘探的人员主要包括水利部的傅作义和张含英，苏联专家布可夫顾问等人，还有黄河水利委员会的赵明甫等 6 人，以及清华大学的张光斗教授和地质调查所的白家驹等人。经过勘查，1950 年 8 月 4 日，傅作义在政务院第四十四次政务会议上提交了报告，并获得会议批准同意。这个调查报告是新中国成立以来对黄河流域进行的最早、也是最全面的调查报告。

报告主要分为这样几部分：关于黄河防汛工作的一些情况；引黄灌溉济卫工程渠首位置勘定情况；勘察潼孟段水库坝址的情况。对于黄河的防汛情况，报告提出，黄河水利委员会和防汛总指挥部提出了 3 项急需要修理的工程：贯台以上黄河南北两岸大堤的补修，平原省滑县以下金堤的修整，山东新险工的择要修整。要求增加经费，予以解决。

对于引黄灌溉济卫工程渠首位置勘定情况。报告指出，引黄灌溉工程济卫工程的成败关键在于渠首和闸门位置。渠首依近正流，顾虑大水损坏闸门，招致改道危险，影响铁桥安全。如果选在偏流，又恐怕河势改易，渠首前面出现浅滩，低水不能进渠，闸门离河太近，有被冲毁的可能，太远又恐门前发生淤塞现象。

这次考察最为重要的是对潼孟水库选择坝址的考察。报告提出，黄河中、上游可能修筑库坝的地方很多。龙门以上不能控制汾、泾、洛、渭的洪水，所以，为了解决下游的防洪问题，第一期水库工程应在选在潼孟段内。同时还提到，根据这个地方的地势，在潼孟段内选取坝址的地方很多，如潼关、三门峡、槐坝、王家滩、小浪底等。显然，在潼孟段修筑水库，控制黄河的巨大流量是完全可能的。同时还认为，大坝修筑的高度可达350公尺，可蓄水340亿以上。由此可见，这次对于黄河的考察报告更多地集中在重点河段，而且主要是针对早期的水利设施建设。

（三）黄河治理总体规划

新中国成立之初，为了治理和开发黄河，黄河水利部门就开始制定详细的规划。上世纪50年代初期，黄委会和有关部门就组织开展了大规模的勘测工作和科学考察，收集和整理了大量的基础资料。1954年年初由国家计划委员会（以下简称"国家计委"）直接领导，中央一些部门及中国科学院组成黄河规划委员会，聘请苏联专家组，调集国内有关专家，集中力量编制黄河治理开发规划。

1954年10月底，提出"黄河综合利用规划"，经过中共中央政治局和国务院审议通过，决定提交全国人民代表大会审查批准。1955年7月18日，在第一届全国人民代表大会第二次会议上，副总理邓子恢作了《关于根治黄河水害和开发黄河水利的综合规划的报告》（以下简称《报告》）。在《报告》中，邓子恢提出："我们的任务就是不但要从根本上治理黄河的水害，而且要同时制止黄河流域的水土流失和消除黄河流域的旱灾；不但要消除黄河的水旱灾害，尤其要充分利用黄河的水利资源来进行灌溉、发电和通航，来促进农业、工业和运输业的发展。"甚至明确要求："我们要彻底征服黄河，改造黄河流域的自然条件，以便从根本上改变黄河流域的经济面貌，满足现在的社会主义建设时代和将来的共产主义时代整个国民经济对于黄河资源的要求。"① 邓子恢在报告中明确提出了治理黄河的根本方针和方法，不是把水和泥沙送走，而是要对水和泥沙加以控制，加以利用。对于整个黄河流域的整体规划，邓子恢主要提出了这样几个方面：

《报告》首先对整个黄河流域的状况进行充分的论证和分析。黄河流域的水系本是一项重要资源，因为黄河多年平均水量为 470 亿立方公尺，只要能够充分利用就能实现 11600 万亩土地的灌溉，在这个灌溉区内增产粮食达 137 亿斤，棉花增产 12 亿斤。因为地势的问题，黄河的水能非常丰富，它比海平面高出 4368 米，仅仅青海贵德以下的水利可以发电 2300 万瓦，每年能发电达 1100 亿度电。同时《报告》还分析了黄河水害严重的原因，如夏季暴雨集中，还有大量泥沙淤积。经过勘探以后，《报告》认为黄河入海口淤积的大量泥沙也在逐渐伸展，这不但使得入海的水道变化无常，河堤无法约束的时候，黄河下游就要发生河水泛滥、决口以至改道的严重灾害。

《报告》对于黄河的洪水来源进行全面的考察，认为黄河下游由于河身抬高，除了沂蒙山区流入东平湖的汶河外，就没有支流，所以黄河的洪水基本来自于中游。除了洪水主要来自中游以外，大量的泥沙也来自于中游。经过考察，认为大量泥沙是从黄河河套向南折，流经山西、陕西两省间的峡谷地带的时候由各支流带来的。黄河上游的水是清的，到兰州每公方多年平均的含沙量只有 3 公斤，到了包头还只有 6 公斤，而到了陕西中部的龙门，每公方多年平均含沙量就增加到了 28 公斤。

关于泥沙的控制。为了在黄河的干流和支流以及在黄河流域的地面上控制水和泥沙，需要依靠两个办法：一是在黄河的干流和支

---

① 《历次全国水利会议报告文件（1949—1957）》，水利部办公厅 1957 年编印，第 461—462 页。

流上修建一系列的拦河坝和水库。依靠这些拦河坝和水库，可以拦蓄洪水和泥沙，防止水害；可以调节水量，发展灌溉和航运；更重要的是可以建设一系列不同规模的水电站。二是在黄河流域水土流失严重的地区，主要在甘肃、陕西、山西 3 省，展开大规模的水土保持工作。要保护黄土使其不受雨水的冲刷，拦蓄雨水使其不要冲下山沟和冲入河流，这样既可以避免中游地区的水土流失，也消除了下游水害的根源。《报告》同时提出，要从高原到山沟，从支流到干流，节节蓄水，分段拦泥沙，尽一切可能把河水用在工业、农业和运输业上，把黄土和雨水留在农田上。这样的治理方式就是控制黄河的水和泥沙、根治黄河水害、开发黄河水利的基本方法。①

根据黄河的实际情况，《报告》提出了黄河开发的远景计划。远景计划的内容主要有：对黄河进行梯级开发，第一段是从龙羊峡到甘肃金积县境内的青铜峡，第二段是从青铜峡到内蒙古自治区的河口镇，第三段是从河口镇到山西河津的禹门口。根据考察，《报告》提出要在河南省陕县三门峡地方修建一座最大和最重要的集防洪、发电和灌溉于一体的综合工程，也就是后来建成的三门峡水利枢纽。同时还将在青海的龙羊峡、甘肃的刘家峡等处修建大型综合性水利工程。

《报告》最后还提出了全面的黄河流域开发工程。比如在农业技术方面，改良农业耕种技术措施，推广水土保持耕作法，改良土壤被覆；实施森林改良土壤的措施，在沟底和沟坡植树造林，防风固沙，封山育林；发展小型灌溉，修筑拦蓄雨水和泥沙的涝池；等等。

与此同时，《报告》还提出了近期计划，为了解决黄河的防洪、发电、灌溉等方面迫切需要解决的问题，提出了一些计划作为在第

---

① 参《历次全国水利会议报告文件 (1949—1957)》，水利部办公厅 1957 年编印，第 465—466 页。

三个五年计划期间即 1969 年以前实施的第一期计划，具体内容包括了这样几个方面：在陕县下游的三门峡和兰州上游的刘家峡修建综合性工程；在灌溉方面，修建青铜峡、渡口堂、桃花峪 3 座干流水坝，以及相应的渠道工程。具体投资为，三门峡水库和水电站 122000 万元，刘家峡水库和水电站 41600 万元，输变电设备 5 亿元，南洛河、沁河、伊河防洪水库 30400 万元。①

1955 年 7 月 30 日，第一届全国人民代表大会第二次会议通过了《关于根治黄河水害和开发黄河水利的综合规划的决议》，批准了规划的基本原则和内容，并责成有关部门按时完成治理开发的第一期工程。根据通过的《决议》，国务院采取措施成立三门峡水库和水电站建筑工程机构；完成刘家峡水库和水电站的勘测工作，并保证这两个工程及时开工；为了有计划有

刘家峡水电站胜利建成

---

① 《历次全国水利会议报告文件（1949—1957）》，水利部办公厅 1957 年编印，第 475—476 页。

系统地进行黄河中游地区的水土保持工作，陕西、山西、甘肃3省人民委员会根据根治黄河水害和开发黄河水利的综合规划，在国务院各有关部门的指导下，分别制定本省的水土保持工作分期计划，并保证按期完成；国务院应责成有关部门、有关省份根据根治黄河水害和开发黄河水利的综合规划对第一期灌溉工程负责进行勘探设计并保证及时施工。①

　　与历史上众多的治黄方略相比，"黄河综合利用规划"的特点是：(1)这个规划的编制是政府行为，批准后的规划就是指导治黄建设的依据；(2)统筹考虑全流域的治理与开发；(3)突出综合利用的原则；(4)对水和沙都要加以控制和利用。规划明确指出："我们对于黄河所应采取的方针，就不是把水和泥沙送走，而是要对水和泥沙加以控制，加以利用。"第一，在黄河干流和支流上修建一系列的拦河坝和水库，拦洪、拦沙、调节水量、发电、灌溉。第二，主要在甘肃、陕西、山西3省，展开大规模的水土保持工作。

抢修险工，排除隐患，整修千里堤防

---

　　① 《历次全国水利会议报告文件（1949—1957）》，水利部办公厅1957年编印，第452页。

既防治了上中游地区的水土流失，也消除了下游水害的根源。规划对干流工程、黄土高原地区的水土保持和上中下游的灌溉发展都作了全面部署，提出了修建三门峡水库拦洪拦沙，尽快解除下游水患的安排。规划的研究和编制，以及治理开发技术措施的拟定，既汲取了前人的治黄经验，又采用了当时的先进科学技术成果。全国人民代表大会批准黄河规划，是治黄事业迈向一个崭新时代的鲜明标志，对动员全国人民关心和支持治黄工作起到了重要作用。

（四）黄河下游的治理规划

上面的规划主要是针对黄河中游的开发和治理，但下游如何进行治理规划，又摆在了党和政府面前。1973 年 11 月 22 日至 12 月 5 日，在河南郑州召开了黄河下游治理工作会议，讨论了黄河水利委员会提出的黄河下游近期治理规划，并上报中央。参加会议的有河南、山东两省沿黄 13 个地市，水电部及所属部门的代表，并邀请了甘肃、陕西、山西两省水电部门和燃化部门、清华大学等单位的同志，共 110 人。在这次会议上，水利电力部副部长钱正英、水电部部长张文碧等作了发言。最后将治理规划报告上报给中央，主要包括这样几个方面的内容：黄河治理成就；黄河下游的新情况、新问题；确保下游安全，加强两岸治理；做好 1974 年的防汛工作；加速中游治理。其具体内容如下。

在黄河治理成就方面，报告指出，三门峡水库改建工程基本完成，库区的淤积趋于缓和，发挥了防洪和蓄水防凌的作用。报告重点指出了下游存在的问题，就是淤沙较多。1969 年到 1972 年，下游河道平均每年淤积泥沙近 6 亿吨，比以往每年的淤积量增加两亿吨，使得河槽迅速淤高。报告指出河道淤积加重的原因，主要是中、上游灌溉用水增多和水库发电需要拦蓄大量清水，进入下游的水量减少得多，沙量减得少，水流含沙浓度增加，便在河道大量淤积。为了下游安全，报告提出加强对下游两岸治理，大力加高加固堤防，5年内完成加高大堤土方1亿立方米，10年内把险工、薄弱堤段淤宽50米，淤高5米以上，放淤土方3亿2千万立方米。此外还要废除滩区生产堤，同时整治河道，搞好滞洪区，提高排洪、滞洪的能力，修建洛河、汶河水库等；还要发展引黄淤灌，逐步变害为利，因此，报告初步规划在今后3至5年内，建设高产稳产农田达到1200万亩，其中山东700万亩，河南500万亩。①

四、毛泽东与三门峡水利枢纽

谈到黄河的治理，我们首先要提的是三门峡水利枢纽的建设，它不仅是整个黄河流域在新中国成立后建设的第一座综合性的水利工程，而且在整个建设过程中，从开始规划到批准，再到建设及后期问题的解决，对我们今天的水利建设具有很强的指导和借鉴意义。

三门峡位于河南省陕县与山西平陆县交界的一段黄河峡谷里。由于在此段的黄河中有两座石岛，将黄河分为三股激流，由左至右，分别称为人门、神门和鬼门，三门峡因此而得名。在下游400米处，又有三座石岛位于河中，右边为中流砥柱，就是在古籍中记载大禹治水时"凿龙门、劈砥柱"的中流砥柱；中间是张公岛；左边就是梳妆台。洪水流经此地，往往浊浪排空，浪花翻滚，惊涛拍岸，是整个黄河尤其是潼关以下河段水势最为险要的地势之一，素有"三门天险"之称。但也正是因为有这些天然的条件，从而为三门峡水库的修建奠定了基础。三门峡谷是黄河中游河道最狭窄的河段，易于截流、拦水；三门峡谷落差大，水流湍急，易发电；三门

---

① 《历次全国水利会议报告文件（1949—1957）》，水利部办公厅1957年编印，第483—487页。

峡谷属石质峡谷，地质条件优越，便于修建大型公共工程；由于三门峡三座石岛属岩石岛结构，易于作为坝基，利于施工导流；三门峡是黄河上最后一道峡谷，拦洪效果最佳，控制流域面积大，能最大限度减轻下游水害。新中国成立后，毛泽东对三门峡水利建设的关注是从他的第二次黄河考察开始的。

（一）为什么不修邙山水库

1953年2月15日，毛泽东率领公安部部长罗瑞卿、铁道部副部长武竞天以及汪东兴等人考察长江，由于此行经过河南郑州，毛泽东决定再次了解黄河治理的相关情况，尤其是涉及当时黄河邙山水库修建的问题。

2月16日上午10时，毛泽东的专列抵达郑州火车站。河南省委书记潘复生、黄河水利委员会主任王化云等迎接毛泽东。毛泽东见到王化云后就直奔主题："邙山水库为什么不修了？"王化云主要从水库的投资额度和工程合理性方面作了回答。关于投资额度问题，王化云认为："我们原计划在邙山修一座160亿立方米库容的大滞洪水库，有的主张修冲沙水库，这两个方案初步计算结果，投资都在10亿元以上，迁徙人口超过15万人。我们想，如果中央真的同意花这么多钱修邙山水库，倒不如修建三门峡水库有利。再说，水利部认为，一是要迅速解决防洪问题，二是根据国家目前的状况，花钱、移民都不能过多，钱不能超过5亿元，移民不能超过5万人。因此，我们放弃了原来设想的邙山水库方案。"[1]另外，王化云认为三门峡水库坝址更为科学合理，他说："黄河规划的第一期工程，必须能够解决防洪、拦沙、灌溉、发电以及航运等综合利

---

① 林一山、杨马林：《中国出了个毛泽东——功盖大禹》，中共中央党校出版社 1993年版，第80—81页。

用的任务，邙山水库的坝址是沙基，技术条件比有很坚硬基础的三门峡差。三门峡可以修比较高的混凝土坝，能够综合利用。三门峡水库正常高水位为350米，总库容为360立方米，设计允许泄量8000秒立方米，三门峡水库与伊洛沁河水库联合运用，黄河下游防洪问题将得到全部解决。发电装机89.6万千瓦，共淹没农田200万亩，移民60万人。为减轻移民困难，库水位拟采取分期抬高，实行分期迁移的办法，初期移民21.5万人，其余的人在今后15至20年内陆续迁移。三门峡水库虽然投资多些，但总的看，比邙山水库好处多。"①

在听了王化云关于修建三门峡水库的初步意见后，毛泽东重点询问了三门峡水库建成后的效益。毛泽东首先关心的是三门峡水库建成后的使用年限问题，"三门峡水库修建起来，能用多少年?"②王化云表示："如果黄河干流30个电站都修起来，总库容约在2000亿至3000亿立方米，这样算个总账，不做水土保持及支流水库，也可以用300年。"如果保持好水土，他甚至认为"1000年是可能的"。③对于修建三门峡水库的方案，毛泽东再次问王化云："三门峡水库4个方案，你认为哪一个最好?"对于修建后的移民问题，毛泽东指出："这么多的移民往哪里移?"对于这两方面的问题，王化云表达了自己的想法，"修到360米这个方案是最好的。""将移民移到东北去，对工农业以及国防都有好处，就是花点钱，我也主张移到东北。"④可见，

① 林一山、杨马林：《中国出了个毛泽东——功盖大禹》，中共中央党校出版社1993年版，第81页。

② 林一山、杨马林：《中国出了个毛泽东——功盖大禹》，中共中央党校出版社1993年版，第81页。

③ 林一山、杨马林：《中国出了个毛泽东——功盖大禹》，中共中央党校出版社1993年版，第82页。

④ 林一山、杨马林：《中国出了个毛泽东——功盖大禹》，中共中央党校出版社1993年版，第83页。

毛泽东对三门峡的修建还是心存一些担忧，尤其在修建后的使用上，因为这涉及黄河的泥沙拦截问题，正如他所强调的，"不是几千个，要修几万个、几十万个才能解决"，"不过，要修水库，不要泥库。"①

1955年7月18日，邓子恢代表国务院在第一届全国人民代表大会第二次会议上作《关于根治黄河水害和开发黄河水利的综合规划》的报告。在报告中，他提出了修建三门峡水库的目标，并满怀豪情地说了这样的一番话："这不能不叫人想起早在周朝就有人说过的一句话，'俟水之清，人寿几何'。但是现在我们不需要几百年，只需要几十年，就可以看到水土保持工作在整个黄土区域生效，并且只有6年，在三门峡水库完成之后，就可以看到黄河下游的河水基本变清。我们在座的各位代表和全国人民，不要多久就可以在黄河下游看到几千年来人民梦想的这一天——看到黄河清！"

1957年2月5日，邓子恢给毛主席递交了关于建议按原定计划动工修建三门峡水库的请示报告，"三门峡水库是黄河综合利用的水利枢纽，目前准备工作已经就绪，建议不要停止兴建，按原定计划在今年二月开工，以争取在一九五九年汛期内部分蓄洪"。对于邓子恢的报告，毛泽东在1957年2月6日就作出了批示："小平同志：此件请印发政治局、书记处各同志研究，请陈云同志的五人小组②处理。"③3月7日，中央经济工作五人小组研究后提出调整意见，先行开工，适当延长工期，并对基建规模作必要的压缩。4月13日，三门峡水库工程正式开工。

---

① 林一山、杨马林：《中国出了个毛泽东——功盖大禹》，中共中央党校出版社1993年版，第85页。

② 五人小组指陈云、李富春、薄一波、李先念、黄克诚组成的中央经济工作五人小组，陈云任组长。

③ 《毛泽东年谱（1949—1976）》第三卷，中央文献出版社2013年版，第73页。

（二）争论不休的三门峡水利工程

在三门峡水库开工后短短一年的时间里，已经施工土石方为74万立方米，土方达500多万立方米，灌注混凝土达3万多立方米。但就在三门峡开工建设后不久，围绕着如何处理三门峡的泥沙、三门峡水利工程该不该修等问题展开了一场争论。1957年6月10日至24日，水利部召开三门峡水利枢纽工程讨论会，有建委、水利、电力等部门及陕西、河南等地方参加，还有清华、天津、武汉等高等学校的专家共70人参加。为此还专门成立了三门峡水利枢纽讨论会办公室。会议围绕三门峡水利枢纽应该不应该修、拦沙与排沙、水库综合利用及水土保持等问题展开了讨论。10日至17日为大会一般性发言，18日开始为专题讨论。

这次讨论会主要集中在了这样几个方面议题上：三门峡应该不应该修；拦沙与排沙的问题；水库综合运用的要求；水土保持对修建三门峡水利枢纽的基础评价等。

关于三门峡应该不应该修建的问题。参加会议的绝大多数代表认为，三门峡水利枢纽是能满足黄河治理开发的几个方面要求的，如上游开展水土保持，拦阻泥沙，下游进行河道整治，防止淤积，并在适当地点修筑调节洪峰及水量所需的水库，同时在目前我国大力发展工农业生产的条件下，通过修建水库来利用黄河水资源也是十分必要的。因此，代表认为这个工程的位置恰当，库容大和地质优良，能够有效阻止泥沙对下游的危害。会议也指出了修建大坝的不利因素，如代表指出，水库库容大，所以淹没的面积大，迁移人口多，尤其是在目前我国耕地缺少的情况下，淹没耕地迁移人口更有困难；在上游水土保持逐渐见效、下游河道尚未进行治理的时候，因为泥沙在水库回水区发生淤积，致使渭河洪水水位抬高，可能造成回水地带；因洪水调节后，水库下泄水较清，水流延续时间拖长，对黄河下游会发生淘刷，在水库完成后的放水初期，河床未稳定时，对防汛会产生新的要求。

关于水库的拦沙和排沙的问题。在讨论中，与会人员认为，水库排沙是一个目前技术上尚未很好解决的问题，希望通过实验研究进一步解决。在谈论过程中，主要争论在能排出的数量和程度上有着不同的见解。认为能大量排出泥沙的人主张将三门峡水库的泄水孔降低，汛期不蓄水只拦洪排沙，非汛期蓄水满足部分综合利用，这就可以保证潼关到陕县 115 公里的河谷中经常保持天然径流状态，除非在回水超过潼关以上时，才有部分泥沙淤积在水库里冲不下来。

针对水库排沙的问题，中国著名水利专家、清华大学教授黄万里持相反意见。他指出，泥沙向下流是一个自然规律，违反这个规律就不是合理的技术措施，因此他不主张在黄河上建水库，认为有了水库就没有妥善的办法使入库泥沙自动下泄。[①] 因而对于三门峡的修建他提出了否定意见，认为"三门峡水利枢纽应该不应该修"是讨论会的首要议题。

为了解决存在的争论，进一步加强黄河治理，1958 年 4 月 21 日至 24 日，周恩来召集了三门峡工程现场会，其中陕、豫、晋地方省份参加，还有水利部、黄委会、三门峡工程负责人等参加。

实际上，陕西就非常反对修建三门峡工程，理由是水土保持能够解决，没有必要修建三门峡工程。陕西提出反对修建三门峡工程的重要原因还是在于大坝修建以后，随着水位的上涨，则会导致大量农田淹没，导致盐碱化发生。当然，这种情况还会带来的另一个问题则是进一步加重水土流失，因为随着河水上涨，长期浸泡两岸

---

① 三门峡水利枢纽讨论会办公室：《三门峡水利枢纽讨论会综合意见》，《中国水利》1957 年第 7 期。

黄土层,会导致大量土石塌方。

在这次会议上,4月24日下午,周恩来作了总结发言。他指出,开会就是要听取意见的,特别是反对意见,强调各方面的人都有,各种意见都可以听到,周恩来进一步指出,三门峡工程开工一年多还有分歧,"其原因就是规划的时候,对一条最难治的河,各方面研究不够造成的"。因此,周恩来强调:"将三门峡作为一个特点问题来开展讨论和争论,来更好地解决根治水害、发展水利的问题,就可以推广到其他的流域,对海河流域、长江流域、珠江流域、松花江、辽河等等,总有好处。"周恩来明确指出,修建三门峡的目的以"防洪为主,其他为辅""先防洪,后综合利用""确保西安,确保下游"为原则。他特别强调,"不能孤立地解决三门峡问题","要综合治理""同时加紧进行水土保持、整治河道和修建黄河干支流水库的规划问题","不要只顾一点,不及其余,不能一搞三门峡就只依靠三门峡"。

这次会议的另一个突出讨论焦点是三门峡大坝的高度问题。1954年编的《黄河综合利用规划技术经济报告》确定三门峡正常高水位为350米,而到了1956年至1957年初步设计时,又将正常高水位抬高到360米,大坝泄水孔底槛高为320米。显然,水位的升高,必然会带来回水、土地淹没增多、泥沙淤积和移民等问题,对此陕西反映强烈。周恩来明确表示可以把坝址降到300米,同时表示还要与苏联设计方进一步讨论,但实际最后的坝高则为300米。

(三)"三门峡不行就把它炸掉"

三门峡水库从1960年9月开始蓄水,经过一年半,到1962年2月,水库的淤沙就达15亿吨。不仅三门峡到潼关的峡谷里淤了,而且在潼关以上,渭河和北洛河的入黄口门处也淤了"拦门沙"。三门峡的治沙问题再次摆在了毛泽东、周恩来等中央领导前面。

三门峡水库出现问题后，引起社会各方面的极大关注，议论颇多。1962年4月，在全国二届人大三次会议上，山西省代表提出第14号提案，要求三门峡工程增建泄洪排沙设施，以减轻库区淤积。会后，周恩来亲自召集有关人员专门座谈研究了这个问题。此后，水电部又多次召开三门峡水库技术讨论会，进行了广泛的讨论，但意见未能统一。从1962年8月起，三门峡水库决定由"蓄水拦沙"运用，改为"滞洪排沙"运用。但是淤积问题仍继续发展，到1964年11月，总计淤了50亿吨，渭河的淤积已影响到距西安30多公里的耿镇附近。

面对三门峡工程出现的淤积问题，中央认为，这既是没有分析和借鉴苏联经验结果，也是仓促上马的结果，要求在吸取经验教训的同时，认真谋划如何改造。1962年5月11日，在中央工作会议上，周恩来就说，"三门峡的水利枢纽工程到底利多大，害多大，利害相比究竟如何，现在还不能作结论。原来泥沙多有问题，现在水清了也有问题。水清了，冲刷下游河床，乱改道，堤防都巩固不住了。""洪水出乱子，清水也出乱子。这个事情，本来我们的老祖宗有一套经验，但是我们对祖宗的经验也不注意了。"1964年6月10日，他批评把黄河的洪水和泥沙全部拦截在上中游，使黄河下游变清的规划思想，他说："黄河清"这句话好不好也值得研究，黄河虽然为害了两千多年，但是，泥沙有时对下游也是有利的，可以增加土地肥力。我们历史上治黄是最重要的问题，现在没有将历史经验加以科学总结。

实际上，在三门峡淤积问题出现之后，地方省份陕西的意见还是较大的，毕竟，涉及众多土地淹没等一系列次生灾害问题，1964年春，邓小平视察西安时，陕西就提出了意见。甚至后来，陕西省直接把意见反映给了毛泽东主席。因此，毛泽东向周恩来提出，"三门峡不行就把它炸掉。陕西意见很大"。

为了解决三门峡问题，12月5日，治黄会议在周恩来的亲自主持下召开。这是治黄史上的一次重要会议。他对与会人员说："我本来想用半个月到一个月的时间去现场看看，由于临时有国际活动，回国后又忙于准备三届人大，离不开北京。"其间他既要筹备人大和政协会议，又要处理外交和内政，忙得不可开交。他还是抽空参加治黄会议，有时实在分不开身，就委托别人组织继续开会，他派秘书来听。

会上出现了四种争论意见。"不动派"的代表人物北京水利水电学院院长汪胡桢认为"节节蓄水，分段拦泥"的办法是正确的，不同意改建三门峡枢纽；"炸坝派"的代表人物河南省科委的杜省吾最为激烈，他发起言来言语尖刻，嗓门又大，他甚至说"黄河本无事，庸人自扰之"，此语一出，满场皆惊，有人将目光转向周恩来。周恩来安详地坐在那里，耐心地听着杜省吾的发言。杜省吾也可能发现自己言有所失，停了下来，盯着讲稿上的字。周恩来提醒他："你讲你讲，字看不清吧，前边那个字念错了……"杜省吾恢复常态，继续发言。他认为黄土下泻乃黄河的必然趋势，绝非修建水土建筑物等人为力量所能改变，主张炸坝；"拦泥派"的代表人物是王化云，这位被毛泽东称为能"化云化雨"的专家，当年陪同毛泽东巡视黄河时就主张在上游多修水库，以拦为主，辅之以排，实行"上拦下排"的方针；第四种意见是"放淤派"，它的代表人物是林一山。这位同样被毛泽东称赞为"搞建设的人才"的"老延安"、时任长江流域规划办公室主任，他主张干支流沿程引洪放淤，灌溉农田，以积极态度吃掉黄河水和泥沙。四派之争，主要是"拦泥"与"放淤"两家之争。王化云和林一山发言时，周恩来没有到场。随后他派秘书到林、王住地和平宾馆，分别征询了林、王的治

第
一
章

『
要
把
黄
河
的
事
情
办
好
』

33

黄设想和具体意见。12 月 17 日，周恩来开了个小会，参加会议的除林、王二人外，还有水电部副部长钱正英、国家计委副主任王光伟、林业部党组副书记惠中权等人。周恩来先让林、王把各自的观点复述一遍，周恩来问林一山："你有什么好办法吧？"林一山根据水库可以长期使用的理论，主张降低三门峡水库水位，以恢复潼关河段原黄河河床，即可解除对关中平原的威胁，同时，打开大坝底孔排沙，使水库泥沙进出平衡，将改造后的三门峡水库变成一个中型水电站。

经过各方讨论，这次会议最后决定，三门峡大坝左岸增建两条隧洞、改建四根发电泄水钢管（即"三洞四管改建方案"），以加大泄洪排沙能力，先解决库区的淤积问题。会后，周恩来要水电部送给与会代表每人一本《毛主席的四篇哲学著作》，要求大家运用毛泽东哲学思想，分析和解决黄河治理问题。

根据这次会议的要求，1965 年 1 月 18 日，水电部党组写了《关于黄河治理和三门峡问题的报告》，呈报给毛泽东和周恩来。《报告》提出，重点研究下游的出路，对拦泥库的方案，进行相关勘探。并表示，"对已经取得协议的两条隧洞和四根泄水管，批准开工。"

（四）多方举措解决三门峡问题

鉴于王化云提出要搞拦泥试验，林一山提出要搞放淤试验，周恩来决定两家分头作规划搞试验。他同意王化云把甘肃巴家嘴水库选作拦泥试验坝的要求。对林一山放淤稻改试验的方案，周恩来也给予了热情支持。1965 年 3 月两家开始了分头规划和试验。王化云组织调查了渭河下游及陕北、晋西北群众的用洪用沙经验，查勘了支流拦泥库坝址，研究了拦泥库开发方案。在巴家嘴拦泥坝成立了实验工程处和实验工程指挥部，到 1966 年 7 月，拦河土坝坝后加高 8 米工程竣工，共完成土石方 47 万立方米。后来因地方政府坚持发电为主，加之"文革"的冲击，致使拦泥坝试验设想未能按计划进行下去。林一山带领"长办"规划组奔赴下游豫、鲁两省，沿着黄河两岸进行调查、研究、宣传、发动和选择试验点，以期从大搞放淤稻改上寻找一条治理黄河的新路子。林一山在山东梁山陈垓引黄闸搞远距离输沙试验，做了渠道衬砌设施。放淤稻改取得了一定的成功，1965年就在黄河两岸种上了水稻。周恩来对这次分头作规划寄予了很大希望，并约定规划试验结束时，他再主持召开治黄会议，但后来"文革"的爆发使这次规划搁浅了。

三门峡二洞四管改建工程于1965年1月开工，1966年5月竣工，7月29日投入运用。二洞工程于1968年8月先后竣工。1968年8月16日二洞四管全部投入运用。二洞四管工程提高了三门峡枢纽的泄流排沙能力，减缓了库区淤积，为进一步改建赢得了时间。但泄流排沙能力仍感不足。为此，1969年6月，周恩来委托刘建勋、纪登奎在三门峡市主持召开了晋、陕、鲁、豫4省治黄会议，研究了三门峡工程的第二次改建和黄河近期治理问题。

为加强三门峡工程第二次改建的技术力量，周恩来提议清华大学水利系师生到三门峡去，参加研究怎样解决三门峡工程改造的问题。1970年1月，周恩来对他们说，黄河的泥沙问题研究得怎么样了？要把黄河泥沙整个的情况摸清楚，沙从什么地方来的，淤在哪里，怎样处理，这是你们去主要解决的问题。1970年全国计划会议后，周恩来在国务院接见了王化云和林一山，详细询问了三门峡工程的改建情况。

三门峡工程局广大职工以高昂的斗志，于1970年至1973年12月挖开8个施工导流底孔并改建了5个电站坝的进水口，大大提高了泄流排沙的能力，基本解决了库区的泥沙淤积问题，保持了一定的长期有效库容，为在多泥沙河流上修建水库和治理黄河开辟了新路。1974年12月20日，新华社报道《三门峡水利枢纽工程改建获得初步成功》。与此同时，党和政府还加大了黄河流域的水土治理，尤其是加强了中游的水土治理，使得黄河淤泥进一步减少，为彻底治理三门峡的淤积创造了条件。"不但要从根本上治理黄河的水害，而且要同时制止黄河流域的水土流失和消除黄河流域的旱灾；不但要消除黄河的水旱灾害，尤其要充分利用黄河的水利资源来进行灌溉、发电和通航，来促进农业、工业和运输业的发展。总之，我们要彻底征服黄河，改造黄河流域的自然条件，以便从根本上改变黄河流域的经济面貌，满足现在的社会主义建设时代和将来的共产主义建设时代整个国民经济对于黄河资源的要求"①

---

① 《建国以来重要文献选编》第 7 册，中央文献出版社 1993 年版，第 12 页。

第二章 "高峡出平湖"

　　毛泽东望着滔滔黄河，慢慢说道："南方水多，北方水少，借一点来是可以的。""南水北调"这个宏大的战略构想就这样被提了出来。

　　听了三峡工程的汇报，毛泽东摆摆手说："你们真有雄心壮志呀！敢想敢干精神可嘉。可是你们就不怕原子弹吗？大坝修起来了，战争打起来万一被炸，那么多的水流下来，不但要淹掉宜昌，顺流而下，连武汉、九江、安庆、南京都要遭殃！"毛泽东大手一挥，果断地说，"现在修三峡工程不妥，条件不具备，不能搞。"

一、"不尽长江滚滚来"

长江是我国第一大河，也是世界第三大河流，水资源总量达9755亿立方米，占整个中国河流径流总量的36%，大约是黄河的20倍，在世界范围内仅次于赤道热带雨林带的亚马孙河和刚果河（扎伊尔河），居于第三位。由于长江水资源丰富，它不仅哺育着华夏南国大地，还承接着东西经济的发展，成为连接南北经济的纽带。正是因为长江水源的丰富，所以自古以来尤其是近代以来，开发长江水源成为中华民族一直努力的方向。

（一）哺育中华民族的河流

长江丰富的水源与各方面的自然条件有着密切的联系，包括亚热带的自然气候条件，众多的河流、湖泊，三级阶梯地势等因素。

长江流域所处的亚热带季风气候区决定了其具有丰富的水量。从整个长江流域来看，除了长江的发源地青藏高原不属于亚热带季风气候外，流域的其他地方基本上都处于亚热带季风气候区，降水丰富。亚热带季风气候的基本特点是夏季高温多雨，冬天温和降水相对较少，全年降水差异明显。但夏季的降水量确实相当丰富，因为东南季风带来了大量水汽，从遥远的太平洋而来，具备了丰富的降水条件，所以在整个夏季通常的降水量超过了800毫米，尤其是从5、6月份的梅雨季节开始，降水一直持续到9、10月份，在一年中长达5、6个月之久，年降水量1000—1500毫米，季节分配较均。实际上整个长江流域的降水不止受到夏季风的影响，而且在7、8、9月份有的年份直到10月份，在中国大陆东南沿海登陆的台风也带来更大的降水量，而且降水极为集中，很难储存于地下，大都顺地表径流汇入了长江。实际上，每年台风的活动不但极为频繁，而且由于台风的势力强导致其范围一直延伸到长江中上游的交界地四川盆地等地区。

南方的地形也对降水起了重要的催生作用。就整个江南的地形而言，除了长江中下游地区属于平原外，其他地方更多的是以丘陵和山地为主，这种地形很容易产生地形雨。这就使得长江水在整个雨季的水量猛增。此外，四川盆地因中间地势低而四周高的盆地地形导致地形雨极为丰富。由于长江的冲刷和侵蚀作用，在四川盆地东部相对海拔较低的情况下，来自东南太平洋的水汽进入四川盆地里面，在东南季风的吹拂下，加之原本盆地里面汇集的水汽，在东南季风的吹动下，开始向外围扩散，受到周边地形的阻挡，导致水汽沿着四川盆地的外围爬升，因此产生了地形雨，由于整个四川盆地在长江上游地区，其较多的降水汇入长江干流之中，带来了丰沛的水源。

此外，整个长江地区众多的湖泊也是该地区水资源丰富的一个重要原因。整个长江流域的湖泊主要分布在上游的源头地带和中下游地区。长江流域大于 1 平方公里的湖泊有 580 个。总面积达 16500 平方公里，接近全国湖泊总面积的 1/5，约占长江流域湿地面积的 7.75%。

（二）长江水患

长江是我国的第一大河，是世界第三大河流，与黄河一样是象征中国文明的一条河流，在中国历史发展进程中具有特殊的意义和地位，而且随着近代以来不断加快对长江的开发，它的地位越发突出。由于其丰富的水量不仅为工农业的发展提供了足够的水量，还提供了重要的能源。当然，在历史变迁和人类征服自然的过程中，长江水患也一直是人类不可回避的重要课题。

从历史上看，长江流域的洪水常常是暴雨所致。从降雨过程看，有先东后西、先中下游后上游的特点，流域性水灾，其主要洪水源一是来自四川盆地，二是来自汉江流域，四川盆地西北部、北部及大巴山两侧就是流域内的最大暴雨区。特别是四川的雅安地区，年平均降雨量在3000毫米以上，有"天漏"之称。由于四川雨区广阔，暴雨集中，在宜昌以上形成强大洪峰，对中下游常常造成危险形势。而四川雨量多集中在7—8月，所以这一时期就成为长江的主要汛期。

长江流域特殊的自然条件导致洪涝频发。长江具有流域面积广阔、径流量大的特点，这与其所处的自然气候带有很大关系。湿润的亚热带气候不仅给长江带去了丰沛的降水，也带来了连绵不断的水患。长江流域所经过的大多数地区都位于亚热带季风气候区，夏季风北进和南退都会带来丰沛的降水，一年的雨季从5月份开始，直到9月底结束。长江中下游地区的雨季是从5、6月份开始，而且东南季风和冷锋长时间滞留在长江中下游地区，使长江下游地区出现连绵的降水天气，如果梅雨势力强大则会形成长时间的降水，导致长江下游洪灾，而且汛期提前。亚热带气候由于具有明显的雨热同期的特征，降水由夏季的东南风产生，集中且多暴雨，一旦夏季风势力比较长而且又是长时间的滞留，就会造成长江南北干流江水同时上涨，引发大规模的洪涝灾害，尤其是带来长江全流域性的洪涝灾害。夏末秋初的时候，长江往往又会经历一次洪灾的考验，因为这个时节生成于西北太平洋副热带海域的热带气旋活动强烈，在我国的东南沿海登陆，一般年份有七八个台风登陆，并一直波及长江中下游地区，会带来强降水，容易发生区域性的洪涝灾害，造成局部地区的暴雨和河水暴涨状况，形成洪涝灾害。[①]

而长江的河道特征也是容易发生水患的一个重要原因。由于我

---

① 参见赵济、陈传康：《中国地理》，高等教育出版社1999年版。

国地势西高东低，整个长江的流向是自西向东，导致了长江下游河道承载的水量较多，加之长江流域的降水时间相对集中在夏季，极易引发全流域性的洪涝灾害。此外，长江的流域特性也是洪灾频发的重要原因。长江支流流域面积超过 1 万平方公里的河流有 48 条；达 5 万平方公里以上的有雅砻江、岷江及其支流大渡河、嘉陵江、乌江、沅江、湘江、汉江和赣江 9 条。超过 10 万平方公里的河流有雅砻江、岷江、嘉陵江和汉江，其中嘉陵江流域面积最大，达 16 万平方公里。这些河流的存在，决定了长江洪水具有易发生、流量大的特征。

此外，随着人类活动在长江地区的不断增加，对长江的开发规模越来越大，使长江的生态系统进一步被破坏，失去了原有的平衡状态。长江湖泊面积的大量减少就是其中的一个重要表现。我国的淡水湖主要分布在长江中下游地区，如鄱阳湖、洞庭湖、太湖等。湖泊对河流具有的调节功能，可以削减干流洪峰，错开洪峰时间，避免不同支流与干流在同一时间来水聚于干流而出现河水暴涨的现象。

据史料记载，明清时期洞庭湖的面积约为 6270 平方公里，约为现在面积的 2.3 倍。后来由于围湖造田和过度围垦，造成洞庭湖面积的急剧萎缩，1825 年时湖水面积约 6000 平方公里，1890 年为 5400 平方公里，1932 年为 4700 平方公里，1960 年已减为 3141 平方公里。在人类活动和泥沙淤积的作用下，洞庭湖的泄洪分洪能力下降，加上川江和汉江的来水，长江的洪涝灾害不断加剧。据统计，在近 200 年内，长江中下游地区的湖泊面积已经减少了 2/3，这也是导致长江水灾不断加重的重要原因。

二、毛泽东决策荆江分洪工程

长江多洪灾，荆江又是长江洪患发生最为频繁、最为严重的河段。根据资料记载，从 101 年到 1949 年，荆江地区共发生 354 次洪水灾害，尤其在 1376 年到 1949 年间就发生了 267 次，平均两年一次。清朝统治 268 年，发生水灾 165 次。民国历时 37 年，发生水灾 30 次，几乎是一年一次。1788 年，荆州遭遇水灾，成为一片泽国，"兵民淹毙无算，号泣之声，晓夜不辍，登城全活者，露处多日，难苦万状。下乡一带，田庐尽被淹没"。①1931 年 7 月长江发生洪水，宜昌洪峰流量达 64800 立方米 / 秒，荆北大堤在麻布拐附近决口，荆北地区一片汪洋，淹死 20000 余人。② 时隔 4 年后，1935 年荆江再次溃堤，造成了一场更大的灾难，"登时淹毙者几达三分之二。其幸免者，或攀树巅，或骑屋顶，或站高阜，均鹄立水中，延颈待食。没死于水者，将悉死于饥，并见有剖人而食者。"正因为荆江地区的洪灾不断，曾有这样的描述："荆州不怕起干戈，只怕荆堤一梦终"，可谓"万里长江，险在荆江"。治理荆江便成为新中国成立后治理长江的一项首要任务。

（一）荆江分洪工程的提出

1949 年夏天，洪水差点冲垮了荆江大堤冲和观一带，虽然大堤有所垮塌，但幸运的是这次洪峰持续时间不长，使得荆江地区免受水灾。1950 年 8 月，根据荆江历史上的洪灾及 1950 年淮河大水的教训，周恩来为了防患于未然，避免淮河水灾后果的出现，在召开治淮会议时就请来了长江水利委员会主任林一山。带着周恩来的指示，林一山回到武汉，就着手开展研究荆江防洪问题，开始江汉平原与洞庭湖区水利工程的规划设计，在对荆江大堤勘察的基础上，提出了以荆江分洪工程为中心的治江计划。1950 年 8 月形成

---

① 《江陵县志》卷八《建置·江防》，乾隆五十九年（1794 年）刻本。

② 洪庆余主编：《中国江河防洪丛书·长江卷》，中国水利水电出版社 1998 年版，第 512 页。

《荆江分洪初步意见》，提出在长江上游尚未兴建大型山谷水库，洪水无从控制时，选定枝江以下分洪旁泄是可以实行的较为妥善的方案。[①] 而此时中央鉴于淮河水灾的教训，毛泽东、刘少奇、周恩来等领导人也开始酝酿修建荆江分洪工程。

这样，在1950年10月新中国的第一个国庆期间，中南局第三书记、中南军政委员会副主席邓子恢一到北京就向毛泽东、刘少奇和周恩来汇报了这份荆江分洪工程的设计方案。毛泽东根据邓子恢和长江水利委员会主任林一山汇报的有关情况，尤其是征询了该工程的使用年限等情况，当即批准了这个方案。

1951年1月12日，周恩来主持召开了政务院第67次政务会议，开始讨论荆江治理的问题。在这次会议上，水利部部长傅作义作了《中央人民政府水利部关于水利工作1950年的总结和1951年的方针与任务》的报告，对荆江防洪治理提出了要求："荆江大堤尤须视为重点，予以加强。荆江容量不能安全承泄川江最大洪水来量，应测勘研究分洪蓄洪方案，并推进准备工作"。[②] 在会上，周恩来也特别强调，长江的沙市工程，即荆江分洪工程，在必要时，就要大力修治，否则，一旦决口，就会成为第二个淮河。[③]

根据水利部的意见和要求，长江水利委员会对《荆江分洪初步意见》做了进一步的规划和研究，分别于1951年2月、8月提出了《荆江临时分洪工程计划》和《荆江分洪工程计划》两个方案。在这两个方案的基础上，1952年1月又提出了《荆江分洪工程技术设计草案》。[④] 对修建荆江分洪工程，湖北省持积极态度，湖南

---

① 《湖北水利志》，湖北水利志编纂委员会1988年12月编印，第4—2页。

② 《历次全国水利会议报告文件（1949—1957）》，水利部办公厅1957年编印，第98页。

③ 《周恩来经济文选》，中央文献出版社1993年版，第89页。

④ 《湖北水利志》，湖北水利志编纂委员会1988年12月编印，第4—5页。

则有所顾虑，这个方案一出台就引起了湖南省有关领导的异议，这主要有两个方面的原因。

一是历史上的原因，古代对于荆江河段的治理始终存在着"舍南保北"的荆江治理思维。关于这个问题还要从明朝谈起，一代名臣张居正（1525—1582），湖广（今属湖北）江陵人，嘉靖进士。明世宗朱厚熜时期进入内阁，担任首辅，主持国事。他不仅推行了"一条鞭法"的税制改革，还重用潘季驯治理黄河，而且于1580年治理荆江，为保卫荆江大堤北岸，掘开太平口向洞庭湖泄水，这种治水的方式被称为"舍南保北"，且一直沿用到清朝。

二是由荆江南北的地理地势位置所决定。长江上游来水在进入荆江河段后，每年均有相当一部分水量要经过南岸的松滋、太平、藕池、调弦4口分流入洞庭湖调蓄，与湖南的湘、资、沅、澧4水汇合后，复由城陵矶注入长江。因而形成了复杂的江湖关系，即一方面江水不能不通过洞庭湖调蓄，另一方面江水在入湖调蓄时所携带的大量泥沙又导致湖泊的淤积和萎缩。近百年来湖区围垦又人为地缩小了洞庭湖的自然面积，减弱了洞庭湖的调蓄能力。上述江湖矛盾自然会引起湖南、湖北两省人民生死利害的矛盾。

长江水利委员会提出的荆江分洪工程方案，包括荆江大堤加固、进洪闸、节制闸、拦河土坝、围堤培修以及安全区等工程项目。分洪区位于荆江南岸，湖北省境内公安县虎渡河以东，安乡河以北，外围自太平口沿长江干堤至藕池口，折向西南抵虎东干堤，再沿虎东干堤至太平口，成一袋形，总面积921平方公里，有效库容54亿立方米。对上述方案，湖北持积极态度，湖南则有顾虑。历史上存在着"舍南保北"的矛盾，荆江分洪区虽在湖北境内，但分洪区蓄满水，就等于洞庭湖头上顶了一盆水，万一南线大堤决口就要水淹湖南。如湖南省委第一书记黄克诚所说，荆江分洪工程搞得不好，湖南出了力，就等于自己淹自己。显然，荆江分洪工程需要湖南、湖北两省的协力合作。周恩来于1950年冬给邓子恢写信，谈到明朝一代名相张居正是湖北江陵人，认为长江水多不能向北淹，往洞庭湖流问题不大。周恩来指出，我们搞荆江分洪工程不能搞本位主义。邓子恢找两湖负责人谈话，转达了周总理的观点，初步取得了两湖相近的看法。

1951年长江水利委员会在修堤费里积了点钱，把分洪区原先群众修的老堤戴了个帽帽，加了个埂埂，为荆江分洪工程作一些前期准备工作。这一戴帽、加埂，湖南从当地利益考虑向中央告了状。常德专署专员柴保中通过黄克诚给毛泽东写信，力陈长江水利委员会的做法损害了洞庭湖滨湖地区群众的利益。

在这种情况下，1952年2月17日至19日，周恩来主持召开了有两湖有关人员参加的荆江分洪工程会议，调解两湖纠纷。水利专家、水利部副部长张含英，水利部技术委员会主任须恺也参加了会议，作湖南的工作。会上就《政务院关于荆江分洪工程的决定（草案）》征求了与会者的意见。2月23日夜，周恩来向毛泽东和中央写了关于荆江分洪工程会议情况的报告，进一步阐述了修建荆江分洪工程的必要性。周恩来说："如遇洪水，进行无准备的分洪，必致危及洞庭沿湖居民，如肯定不分洪则在荆江大堤濒于溃决的威胁下，仍存在着不得已而分洪的可能和危险。这就是两省利害所在的焦点。"2月25日，毛泽东审阅周恩来的报告并做了重要批示："周总理：同意你的意见及政务院决定；请将你这封信抄寄邓子恢同志。"

为进一步消除湖南省的顾虑，1952年2月底，水利部副部长李葆华同苏联水利专家布可夫一道前往荆江分洪地区视察，他们均认为分洪工程如建成对湖南滨湖地区毫无威胁，且可减少水害。3月31日，中央人民政府公布了《政务院关于荆江分洪工程的决定》，该《决定》指出："为保障两湖千百万人民生命财产的安全起见，在长江治本工程未完成以前，加固荆江大堤并在南岸开辟分洪区乃是当前急迫需要的措施。荆江分洪工程完成以后，如长江发生异常洪水需要分洪时，既可减轻洪水对荆江大堤的威胁，并可减少四口（松滋、太平、藕池、调弦）注入洞庭湖的洪量；同时，做好分洪区工程又能保障滨湖区不因分洪而受危害。这一措施对湖北、湖南人民都是有利的。"

1952年2月，周恩来专门召开荆江分洪工程会议，并主持起草了《政务院关于荆江分洪工程的决定》，呈请毛泽东主席审阅。还特地附上一封信："主席，这一《决定》是我在会中当场征得各方有关同志的同意做出的。现送上，请审阅。拟将此《决定》草案再电询子恢、先念、克诚等同志意见后，再以正式文件下达。周恩来。"

1952年3月31日，中央人民政府政务院下发了《中央人民政府政务院关于荆江分洪工程的决定》，决定如下：

"长江中游荆江段由于河道狭窄淤垫，下游弯曲，不能承泄大量洪水，且堤身高出地面十数公尺，每当汛期，洪峰逼临，险工迭出，时有溃决的危险。如一旦溃决，不仅江汉广大平原遭受淹没，并将影响长江通航，且在短期内难以堵口善后。不决，则以长江水位抬高，由四口（松滋、太平、藕池、调弦）注入洞庭湖的水量势必增多，滨湖多数堤垸必遭溃决。为保障两湖千百万人民生命财产的安全起见，在长江治本工程未完成以前，加固荆江大堤并在南岸开辟分洪区乃是当前急迫需要的措施。

荆江分洪工程完成以后，如长江发生异常洪水需要分洪时，既可减轻洪水对荆江大堤的威胁，并可减少四口注入洞庭湖的洪量；同时，做好分洪区工程又能保障滨湖区不因分洪而受危害。这一措施对湖北、湖南人民都是有利的。为此，本院

特作下列规定:

一、一九五二年仍以巩固荆江大堤为重点,必须大力加强,保证不致溃决,其所需经费可酌予增加。具体施工计划及预算由长江水利委员会会同湖北省人民政府拟订,限期完成。二、一九五二年汛前应保证完成南岸分洪区围堤及节制闸、进洪闸等工程,并切实加强工程质量。其所需人力,应由湖北、湖南和部队分别负担。三、一九五二年不拟分洪。如万一长江发生异常洪水威胁荆江大堤的最后安全,在荆江分洪工程业已完成的条件下,可以考虑分洪,但必须由中南军政委员会报请政务院批准。四、湖北省分洪区移民工作应于汛前完成。五、关于长江北岸的蓄洪问题,应即组织察勘测量工作,并与其他治本计划加以比较研究后再行确定。六、为胜利完成一九五二年荆江分洪各主要工程,应由中南军政委员会负责组成一强有力的荆江分洪委员会和分洪工程指挥机构,由长江水利委员会、湖南、湖北两省人民政府及参加工程的部队派人参加,并由中南军政委员会指派得力干部任正副主任。工程指挥机构的行政与技术人员由各有关单位调配。

上述各项工程,因时间紧迫必须抓紧时机进行周密的准备工作,并保证按期完成。至于人力、器材、运输及技术等方面,如中南力量不足时,得提出具体计划,速报请政务院予以解决。"

至此,周恩来总理提出的"江湖两利、南北兼顾"的主张正式形成。

(二) 分洪方案的实施

毛泽东情系万里长江,1952 年 4 月 5 日,经毛泽东批准的荆江分洪工程破土动工了,这是湖北、湖南人民的一件大喜事。当时，共和国刚刚建立不久，党和人民政府正面临着百废待兴的局面，国家的经济还很困难，毛泽东主席何以就批准兴修荆江分洪这项巨大的工程呢？

纵横万里的长江，从湖北枝城到湖南城陵矶这一段跨越两省的河段，人们称之为荆江。荆江两岸的低洼之地，是长江水患频繁之区，两岸千百万人民在长江汛期的洪水威胁下，过着忧患重重的日子，在历次荆江大堤溃决的灾难中，江汉平原尽成泽国，数千万亩良田的庄稼荡然无存，一个个村庄的民宅被洪水冲垮卷走，人民群众的生命财产惨遭洪水洗劫。解放了，新中国建立了，怎能让长江继续泛滥、肆虐已获得翻身解放的人民呢？

1950年，邓子恢向毛泽东、刘少奇和周恩来汇报荆江分洪工程的设计方案后，毛泽东对荆江分洪工程的设计和预算做了详细审阅。虽然当时国家的财政有困难，然而毛泽东想到江汉平原千百万人民的生命财产安全，他仍然作出了决定：兴建荆江分洪工程，造福于子孙后代。

毛泽东很关心荆江分洪工程建设，并做了三点具体指示：一要把荆江分洪工程当作全国的事情来办，全国支援。二是荆江分洪工程关系到两湖人民的生命财产，两湖要全力以赴。三是工程一定要在汛期前完工，调一个兵团用打仗的方法来完成任务。

根据毛泽东的指令，中央军委立即调动在两湖执行战斗任务的10万人民解放军参加荆江分洪工程建设。中南局和中南军政委员会任命湖北省委二书记、湖北省人民政府主席、湖北省军区司令员兼武汉市委书记、武汉市人民政府市长李先念为荆江分洪工程委员会主任委员，唐天际、刘斐为副主任委员，工程总指挥部由唐天际任总指挥，李先念任总政委，王树声、林一山、许子威、田维扬任副总指挥。袁振、黄志勇任副总政委，一个强有力的领导班子就这样组成了。

4月2日，李先念在武汉市委礼堂召开中南、武汉、湖北直属党政机关干部会议，进行战前动员，与会者800余人。李先念开始作动员报告，他提高声调说："同志们，毛主席和党中央非常重视荆江分洪工程建设，非常关心江汉平原老百姓的疾苦。所以，敬爱的毛主席亲自批准兴建荆江分洪工程。为了让江汉平原人民过上安居乐业的生活，我希望在座的各位同志，在这一大规模的水利建设中，出力、操心、流汗，作出贡献！"

第二天，曾经历过抗日战争和解放战争的10万人民解放军指战员奔赴荆江分洪工地。他们把工地当战场，承担最艰苦最困难的工程任务。与此同时，20多万民工水陆并进，从四面八方驾驶着数万只木船和车辆，开赴荆江分洪工地，云集在长江和虎渡河两岸。北自右平口，南至黄山头的水陆工地，忽然间处处飘扬着鲜艳的战旗，激越的歌声日夜不断，为祛除荆江水患危害，30多万劳动大军日夜战天斗地。

这时，毛泽东向参加荆江分洪建设的军民发出号召，并亲手在一面大锦旗上写下："为广大人民的利益，争取荆江分洪胜利。"派水利部部长傅作义代表毛泽东亲临荆江分洪工地慰问。30万劳动大军顿时沸腾起来，整个工地沉浸在喜悦和欢乐之中。

毛泽东的号召极大地鼓舞着工地上每个劳动者，激励着每个劳动者，劳动大军干劲倍增，推动和加速了分洪工程建设的进程。看到工地上热火朝天的动人情景，苏联水利专家布可夫对李先念说："李先念同志，任何对你们有成见的人，只要他到这里来看看工地的场面，他就不得不承认中国共产党和中国人民是一条心的，是攻无不克的。"

李先念笑道："是的，布可夫同志，他们不得不承认，中国人民跟中国共产党是一个心眼的，是同呼吸共命运的，战无不胜的！"李先念、唐天际和刘斐、林一山等同志都开怀大笑起来。布可夫跟着也哈哈大笑。

常言道，众人拾柴火焰高，毛泽东号召全国支援荆江分洪工程建设，一下子全国各地都伸来援助之手，工地上所需要的工程器材和 30 多万军民的粮食及生活用品，从全国各地源源不断运往工地。东北的钢材、上海的机器、广西的木材、宜昌的石头……都按时运抵工地。总之，分洪工地需要什么东西，需要多少，什么时候需要，都能保障供给，以满足工地的需要。

1952 年 6 月 20 日，荆江分洪工程建设在汛前胜利完成了。在这短短的两个半月中，完成这么巨大的工程，建设者们付出了多少汗水、多少心血可想而知。

荆江分洪工程建成后，分洪区蓄水量可达 60 亿立方米，充分发挥了荆江分洪区的蓄洪、泄洪作用，确保了荆江大堤的安全，保障了长江中下游航道的畅通。荆江两岸人民过上了居乐业旺的美好生活。

三、毛泽东关注汉江治理

（一）毛泽东提出汉江治理

新中国成立后，毛泽东和周恩来是汉江水灾最早的关注者。汉江是长江的支流，古时人们一般称呼江、淮、河、济为四渎。汉江水量丰富，年均流量达到了 1840 立方米 / 秒，拥有仅次于长江和珠江的全国第三大流量，水能蕴藏量约 330 万千瓦。汉江从湖北省钟祥以下流入平原，河道窄狭弯曲，仙桃以下河宽仅为泽口以上的 1/5，河槽断面仅为 1/2，加之长江高水位顶托倒灌，使下游泄洪能力远小于上游洪水来量。1931 年至 1954 年的 24 年中，下游溃堤决口 15 次，共 34 处，其中泽口以下就达

30 处之多。① 尤其是 1935 年的大洪水，损失极为惨痛。1935 年 7 月 3 日至 7 日，鄂西山区发生了历时 5 天的特大暴雨，汉江中下游发生近百年来最大洪水。据调查推算，汉江干流丹江口站洪峰流量 50000 立方米 / 秒，襄阳站洪峰流量 53000 立方米 / 秒，为有记录以来最大洪水。汉江中下游地区淹没耕地 670 万亩，受灾人口 370 万人。汉江下游左岸遥堤溃决，一夜之间淹死 80000 多人。②

解放后的几年间，又连续发生 4 次洪灾。1952 年 9 月 13 日凌晨 2 时半，汉江下游黄家场发生决口，沔阳县有 8 个区被淹，共计面积约 80 万亩，灾民约 30 万人。9 月 16 日，对于汉江的洪灾，水利部进行了上报："汉水黄家场在九月十三日凌晨二时半发生决口，已组织三百只船进行抢救，绝大部分人已被救出，仍有少数人被淹死。"③9 月 17 日，毛泽东将《水利部关于汉江黄家场决口后情况报告》批给政务院副总理邓小平和政务院财经委员会副主任兼财政部部长薄一波："邓、薄：请商水利部提出根治汉水计划，考虑是否可以列入明年预算。"他还询问："洞庭湖、荆江北岸、汉水三处同治，财政上是否可能？"④ 这一批示充分说明毛泽东对根治汉江洪水的重视程度，他不仅从根治汉江洪水的直接目标出发，统筹协调汉江治水决策，而且充分考虑财政方面的各种问题。25 日，毛泽东审阅了邓小平为中共中央起草的关于同意水利部党组将根治汉水工程列入明年计划的报告给中财委党组的批语稿，加上了一句话："此报告转发各中央局、分局阅看，并可在党刊上登载。"⑤

---

① 钱运录：《当代中国的湖北》，当代中国出版社 1991 年版，第 245 页。

② 骆承政等：《中国大洪水——灾害性洪水述要》，中国书店 1996 年版，第 262—264 页。

③ 《毛泽东年谱（1949—1976）》第一卷，中央文献出版社 2013 年版，第 600 页。

④ 《建国以来毛泽东文稿》第 3 册，中央文献出版社 1996 年版，第 550 页。

⑤ 《毛泽东年谱（1949—1976）》第一卷，中央文献出版社 2013 年版，第 600 页。

（二）杜家台分洪工程的规划

为了治理长江，1952年我国在长江中游的湖北省修建了荆江分洪工程。接着又考虑治理长江最大的支流汉江，经过周密计划，决定修建"汉江下游杜家台分洪闸工程"（简称"汉江分洪工程"）。1952年即批准兴建汉水下游的杜家台分洪闸工程。这个工程被列入我国第一个五年计划，是国家重点水利工程之一。

为了保障经济建设和人民生命财产的安全，长江水利委员会从1950年起就对汉江进行了多次查勘调查，寻找可以兴建拦蓄洪水的水库坝址及可以分洪蓄洪的地区。1952年提出了在汉江下游开辟杜家台分洪工程的方案。[1]1954年6月提出汉江下游分洪工程计划任务书，9月提出初步设计。选定在仙桃以下6千米的右岸杜家台兴建一座长411.93米、共30孔、设计分洪流量4000立方米／秒（争取5300立方米／秒）的分洪闸。闸后开一条长21千米、宽800米的分洪道，将分洪水送入可蓄水16亿立方米的泛区，经调蓄后从汉阳黄陵矶泄入长江。[2]杜家台分洪工程的主要任务是分泄汉江下游洪水，解决汉江上游洪水来量与下游安全泄量不平衡的矛盾，并在长江大水时，为保卫武汉市防洪安全，配合武汉附近其他分蓄洪区蓄纳长江干流超额洪水。长江水利委员会的规划设计在报请中央人民政府审批后很快得到批准，并在1955年组织施工。

1955年1月4日，全国水利工作会议召开，水利部部长傅作义作了《一九五四年的水利工作总结和一九五五年的工作任务》报告，提出了长江流域的规划要求："长江的流域规划编制工作仍继

---

[1] 文伏波（长江流域规划办公室主任）：《长江流域规划编制纲要》，《水利史志专刊》1989年第1期。

[2] 钱运录：《当代中国的湖北》（上册），当代中国出版社1991年版，第245—246页。

续大力进行，其中汉江流域要求尽早编好。为保证荆江大堤和武汉等重要城市的安全一九五五年开始举办汉江分洪工程、荆江分洪整修与扩建工程、洪湖蓄洪垦殖工程、华阳蓄洪垦殖工作等。其中汉江分洪工程，一九五五年完成杜家台分洪闸、分洪道，以减轻汉江洪水灾害。"[1]

（三）杜家台分洪工程的修建过程

1955 年 10 月 10 日，湖北省成立"杜家台分洪工程指挥部"，由副省长张体学任指挥长，李明灏、任士舜、陶述曾等 11 人任副指挥长。分洪工程于 11 月 21 日正式开工，由水利部工程总局第 6 机械工程总队负责施工，民工来自武汉市和沔阳、黄陂、孝感、应城、汉川等县共 14 万余人。水利部苏联专家首席顾问沃洛宁在开工前曾两次到工地视察，对分洪闸基础的处理提出了许多建议。[2]

施工项目主要由上游鱼咀、引水渠、分洪闸及分洪道、分洪区（泛区）、泄洪闸等部分组成。主要工程是修建分洪闸。分洪闸系钢筋混凝土开敞式闸，全闸共有 30 个孔，每孔净宽 12.1 米，设钢质弧形闸门，高 4 米，配备有 15 吨固定式启闭机，由人工进行操作，闸室底板高程 29 米。分洪闸的地基设计和施工汲取了润河集分水闸、荆江工程进洪闸和节制闸的经验，技术上有较多的改进，地基采取预压加固处理，采用三级消能，闸墩往下游适当延伸，改善水流条件。闸室两侧设防渗刺墙，防止绕渗破坏。上游设防渗阻滑板，防冲槽以下筑 4 米深的排渗井，防止下游翻砂管涌。两岸连接

---

① 《历次全国水利会议报告文件（1949—1957）》，水利部办公厅 1957 年编印，第 216—217 页。

② 《湖北省水利工作大事记（1949—1981）》，湖北省志、水利志编辑室 1983 年 12 月编印，第 93 页。

段填土压强，防止地基异常变形。①

杜家台分洪工程于 1956 年 4 月 26 日提前一个月完成。全部工程完成土方 1300 余万立方米，其中闸基填挖 244 万立方米，分洪道挖填土方 1100 万立方米，浇筑混凝土 65730 立方米，砌块石 78600 立方米，国家投资 3630 万元。

（四）杜家台分洪工程发挥重要作用

1956 年 4 月 10 日，汉江下游杜家台分洪工程竣工。该工程是 1955 年 11 月 21 日正式开工的，它是我国"一五"时期重点建设的水利工程之一。新中国成立后，百废待兴，关系到国计民生的重大工程一个个被提上议事日程，兴修水利、治理江河也是全国人民的殷切希望，杜家台分洪工程建成后当年就开闸分洪两次。分洪工程的运用证明，该工程规划设计合理，施工质量良好，对汉中下游防洪作用非常显著。

杜家台分洪工程主要用于分泄汉水下游河段超额洪水，也可蓄纳长江部分洪水。杜家台分洪工程对保护汉水下游两岸 53.3 万余亩农田及城镇的防洪安全有着重要作用，并有利于减轻武汉市的洪水威胁。

分洪任务：

汉水下游河道的下段曲折、狭窄，越向下游泄洪能力越小，特别是仙桃以下河段，还受长江洪水的顶托影响，洪水易泛滥成灾。据记载，在 1931 年至 1955 年的 25 年中，就有 15 年溃口成灾。1955 年决定建杜家台分洪工程。根据 1955 年汉水泽口以下堤防的防洪能力，泽口至仙桃河段可安全下泄 9000 立方米 / 秒，仙桃以下因受长江洪水顶托影响，遇汉口洪水位达到 28.28 米时，仅能安

---

① 《中国江河防洪丛书·长江卷》，中国水利水电出版社 1998 年版，第 355 页。

全下泄5000立方米/秒，故需在仙桃附近分洪约4000立方米/秒。另外，考虑在紧急情况下，充分发挥堤防作用，即当汉口水位达到28.28米时，泽口至仙桃水位平齐汉水右堤，此时仙桃以上泄流量为10400立方米/秒，仙桃以下汉水干流下泄流量为5100立方米/秒，亦即在仙桃附近需分洪约5300立方米/秒。杜家台分洪工程分洪闸的设计分洪流量4000立方米/秒，校核分洪流量5300立方米/秒。蓄洪区有效蓄洪容量16亿立方米。

工程组成：

（1）杜家台分洪闸。位于仙桃市下游6公里处，1956年4月建成。闸身为钢筋混凝土结构，分洪闸前缘总长度412米，分30孔，每孔净宽12.1米，设钢质弧形闸门，门高4米。闸门启闭机为150吨手摇及电动两用式。闸室底板之上为空心过水堰，堰顶高程29米，闸室胸墙底部高程33米，闸顶高程36.2米。

（2）分洪道。分洪闸下游接分洪道，由两道平行堤形成，堤距宽822米，经昌家湾、廖台，在周邦附近进入蓄洪区，全长21公里，左右岸堤防总长42.1公里。分洪道设计、校核流量与分洪闸相同。堤身高约7米；堤顶宽度5—6米；堤坡迎水面坡度为1:3，背水面坡度自堤顶以下2.5—3.0米为1:2，再下渐变为1:5。

（3）蓄洪区。蓄洪区历史上是东荆河下游与通顺河下游交汇处的一片低洼地带，是长江和汉水的洪泛区，每逢汛期，上承东荆河来水和汉南地区（积水面积3000多平方公里）经通顺河下排的渍水，下有长江倒灌洪水。杜家台分洪工程始建时，只是将汉水洪水经分洪道泄入泛区。1964年冬根据汉南地区防洪排渍规划，堵塞了东荆河北支，使东荆河改道在小洪口附近注入长江。1966年在蓄洪区黄陵矶建闸，泄水出长江，使原蓄洪区与长江隔绝，形成有分洪、泄洪闸控制的蓄洪区，面积450平方公里。

（4）黄陵矶闸。位于蓄洪区出口肖家湾处，下距沌口镇约5公里，为泄洪、排渍两用闸。1966 年开工，1970 年建成，为钢筋混凝土开敞式结构，分 9 孔，每孔净宽 7 米，设钢质平板闸门，高10 米，泄洪能力 2700 立方米 / 秒。

工程效益：

汉水分洪工程建成后，使汉水下游平原区由 5 年 3 渍的情况提高到防御约 5 年一遇洪水，配合丹江口水库已建成初期工程，可将汉水下游的防洪能力提高到 20 年一遇，加上运用襄阳至沙洋之间的民垸蓄洪，可争取将 1935 年那样的大洪水（约百年一遇）控制到使汉水下游水位不超过堤防的防洪保证水位。自 1956 年杜家台分洪工程建成至 1985 年，共分洪运用 19 次，有效蓄纳汉水下游超额洪水总量计 190.7 亿立方米。丹江口水库建成前 1956 年至 1967 年，有 5 年分洪，共分 13 次，分洪总量 139.5 亿立方米。其中 1964 年 10 月 6 日超标准运用，最大分洪流量达 5600 立方米 /秒，1958 年 7 月一次分洪总量达 25.7 亿立方米；丹江口水库建成后，1968 年至 1985 年，有 4 年分洪，共分 6 次，分洪总量 51.2 亿立方米。

杜家台分洪工程建成后，仅用了短短的 7 年时间，就彻底扭转了水灾愈演愈烈的局面，将防洪能力提高到可抵挡 6 年一遇洪峰的水平。

值得指出的是，杜家台分洪工程的修建，与 1958 年 9 月动工兴建的丹江口水利枢纽及两岸堤防构成了汉江中下游防洪工程的完整体系，其发挥的作用日益凸显。因此，杜家台分洪工程可谓是治标治本相结合的工程。

四、"南水北调"方案

1952 年 10 月 25 日，毛泽东出京巡视，他选择了极具中华民族发展历程印迹而且也是多灾多难的"母亲河"黄河。然而，在这次考察过程中却让毛泽东有了一个意想不到的收获，那就是"南水北调"方案的提出。

这次黄河考察的第一站是山东济南，离开济南后，毛泽东到达河南黄河段进行考察，在考察期间，毛泽东听取了黄河水利委员会负责人王化云的工作汇报。王化云首先向毛泽东作了关于引黄灌溉洛卫工程的汇报，又作了治理黄河的设想。作为黄河治水的重要实践者，王化云向毛泽东提出了一个令其意想不到的话题，那就是"南水北调"的计划，这个计划的提出注定将会改变中国水利开发和建设的历史。在河南郑州黄河边的邙山，黄河水利委员会主任王化云汇报了黄河的治理情况，并提出了一个从长江引水补充黄河的构想，"将来黄河水不够用，需要从长江流域引水入黄河，我们的勘察队行走万里，到青海勘察黄河源头的情况，河源的水量、地形已弄清楚，勘察队还到长江上游的通天河，测量那里的水量、地形情况，准备将来从通天河引长江水入黄河，以补给西北、华北水源的不足"。①毛泽东望着滔滔黄河水，当即表示："南方水多，北方水少，借一点来是可以的。"

"南水北调"这个宏大的战略构想就这样被提出来了。实际上，作为黄河水利委员会主任的王化云之所以提出这一问题是有依据的。因为在根治黄河水灾的同时，黄河一旦实行梯级水利开发，水量就会大大减少，容易造成黄河的断流或生态性的破坏；此外，全球气候的变化也加剧了北方地区的干旱。显然，通过"南水北调"工程将长江水引入黄河对华北地区有着重要意义。然而，这个计划是否可行，既要由黄河的治水人，也要由长江水利的负责人来论证。

---

① 林一山、杨马林：《中国出了个毛泽东——功盖大禹》，中央党校出版社1993年版，第66页。

王化云意识到，毛泽东提出的"南方北方"超出了长江、黄河的范畴，也超出了自己的设想。于是，他说："长江水量充足，北方借水，长江不可替代。"毛泽东听后笑着说："没想到你王化云还是个踢皮球的高手，一下把这个球踢给'长江王'了。"毛泽东口中的"长江王"就是长江水利委员会主任林一山。

1953年2月19日下午，毛泽东从武汉军用码头登上"长江"号军舰，顺江东去南京。军舰将要离开码头时，林一山奉命登舰。

毛泽东找到"长江王"，主要是了解长江治理问题。在着重探讨了长江三峡水利枢纽工程的建设构想后，毛泽东旧事重提："南方水多，北方水少，能不能借点给北方？这个问题你研究过没有？"

那时的长江水利委员会主要精力放在根治长江水患和三峡工程论证上，对毛泽东忽然提出的这个问题，林一山没有丝毫准备，只能坦陈"没有"。

而毛泽东显然已经考虑了很久。他站在一幅地图前，手拿红铅笔，笔尖稍稍悬空指点着祖国江山，逐个提出他设想的引水地点。

毛泽东最先提出的是位于西北高原的白龙江。红军长征时曾经过此地，毛泽东对其水量印象深刻。但林一山回答：白龙江发源于秦岭，向东南流向四川盆地，越向下游地势越低，离北方也越远，很难穿过秦岭把水引向北方，因此引水的价值不大。

毛泽东点点头。之后，就像他曾经指挥的众多战役一样，他的红铅笔先后划过了嘉陵江、西汉水，但林一山用与白龙江不能引水的同样道理说明了不可行的原因。

直到铅笔指向了汉江，林一山答：汉江有可能。汉江上游和渭河、黄河平行向东流，中间只有秦岭、伏牛山之隔，它自西而东，越到下游水量越大，而引水工程量反而越小。这就有可能找到一个合适的地点来兴建引水工程，让汉江水通过黄河引向华北。

听林一山这么一说，毛泽东顿时神情为之一振。他用铅笔沿着汉江的曲线画了许多杠杠。当他的铅笔指向丹江汇入汉江的丹江口时，他突然画了一个圆圈，问：这地方行不行？林一山脱口而出：这里可能性最大，也可能是最好的引水线路。

毛泽东的笔端停留在丹江口，可以说正中林一山下怀。此前，长江水利委员会从汉江防洪和水资源综合利用的目的出发，已做了大量前期工作，并基本确认兴建丹江口水利枢纽是开发汉江的最佳工程方案。不过，只是由于规划尚未完成，还没有向中央汇报过。

经毛泽东一提醒，林一山马上意识到：丹江口水利枢纽将来很可能成为"南水北调"的水源地。毛泽东兴致勃勃地问：这是为什么？林说：汉江再往下，流向转向南北，河谷变宽，没有高山，缺少兴建高坝的条件，向北方引水也就无从谈起。

得到林一山肯定的回答，毛泽东高兴地说："你回去以后立即派人勘察，一有资料就即刻给我写信。"

1958年3月，毛泽东亲临三峡视察，中共中央在成都召开政治局会议，毛泽东在这次会议上的讲话中说道："打开通天河、白龙江与洮河，借长江济黄、丹江口引汉济黄，引黄济卫，同北京连起来。"由此提出了借长江水济黄，引汉江水济黄，引黄河水济卫河的思想，并在成都会议上通过了《中共中央关于三峡水利枢纽和长江流域规划的意见》。1958年，遵照毛泽东的指示精神，出台了《引江济黄济淮规划意见书》，较为详细地规划了"南水北调"的路线，决定兴建丹江口工程，从而为"南水北调"中线工作奠定了基础。

五、三峡工程

谈到长江的开发，我们不得不提三峡水利枢纽。长江三峡水利枢纽工程，又称三峡工程，位于我国湖北省宜昌市夷陵区三斗坪镇的长江西陵峡段。1992年全国人民代表大会批准建设，1994年正式动工兴建，2003年6月1日正式蓄水发电，于2009年全部完工，是世界规模最大的水电站，也是中国建设的最大型水电工程项目。它的建成不仅带来了防洪、航运、发电、养殖等效益，也一度在移民搬迁、环境等方面引发了较多的关注。实际上，这一伟大工程从开始筹划到建设走过了一段很长的路程，可以说，这项工程一直伴随了共和国的成长岁月，它是几代人努力的结果，首先离不开的就是毛泽东的最初决策。事实上，三峡工程代表了近代中国人的一个梦想。

（一）三峡工程的缘起

就长江三峡的具体位置而言，它位于我国重庆市和湖北省境内的长江干流上，西起重庆奉节县的白帝城，东至湖北省宜昌市的南津关，全长大约193公里，主要由瞿塘峡、巫峡、西陵峡三部分组成。显然，三峡特殊的地理地貌决定了开发的价值和意义。

关于三峡地理地貌较早的详细记载，当属北朝北魏著名地理学家郦道元所写的《水经注·江水》，其中这样描绘道："自三峡七百里中，两岸连山，略无阙处。重岩叠嶂，隐天蔽日。自非亭午夜分，不见曦月。至于夏水襄陵，沿溯阻绝。或王命急宣，有时朝发白帝，暮到江陵，其间千二百里，虽乘奔御风，不以疾也。春冬之时，则素湍绿潭，回清倒影。绝𪩘多生怪柏，悬泉瀑布，飞漱其间，清荣峻茂，良多趣味。每至晴初霜旦，林寒涧肃，常有高猿长啸，属引凄异，空谷传响，哀转久绝。故渔者歌曰：'巴东三峡巫峡长，猿鸣三声泪沾裳。'"

然而，三峡这一大自然鬼斧神工般造化的美景完全是地球沧海桑田的地质运动结果。在地球亿万年的地质运动演化过程中，逐渐形成了我国从东到西的三级阶梯的特殊地形，而三峡恰恰处在大兴安岭、太行山、巫山和雪峰山这条二三级阶梯分界线上。这条分界线形成的巨大落差达 110 米，从而能够产生丰富的水能，这就为修建发电水库大坝创造了条件。

正是考虑到长江三峡所拥有的水能，民国时期孙中山先生就提出了开发计划。他在《实业计划》中提出在"三峡建坝"的理想："当以水闸堰其水，使舟得以逆流而行，而又可资其水力。"可以说，这是中国人首次提出三峡水力开发的设想。随后在 1924 年 8 月 17 日，孙中山在广州国立高等师范学校演讲《民生主义》，更明确说明在三峡建坝还可发电。而到了抗战快要结束时，国民党政府试图聘请美国人萨凡奇对三峡进行设计开发。萨凡奇（John Lucian Savage），20 世纪美国著名坝工专家，在美国垦务局任设计总工程师长达 27 年之久，20 世纪三四十年代，萨凡奇在美国成功设计建造了 60 座大坝，著名的胡佛水坝、大古力电站皆为萨凡奇所设计。他的足迹遍布世界各地，晚年担任加拿大、瑞士、印度、西班牙、澳大利亚等国家一大批水电工程顾问。抗战时期，他是国民政府时期的资源委员会顾问。现已基本完工的三峡工程的第一份设计报告，即出自萨凡奇之手。

（二）"毕其功于一役"建三峡

新中国成立后，三峡工程建设这一伟大设想的提出最初可以追溯到 1956 年。1956 年在新中国的历史上是极不平凡的一年，是新中国国家建设取得重大胜利的一年。农业、手工业和资本主义工商业的社会主义改造基本完成；社会主义工业化建设也取得了重大成就，"一五"计划即将实现，其中就包括了被列入第一个五年计划重点工程的武汉长江大桥即将完工。面对捷报频传的社会主义工业化建设大好的开局，毛泽东满怀着激动和喜悦的心情，巡视南方，亲自视察了武汉长江大桥的施工建设情况，并于6月1日、3日、4日三次畅游长江，在感慨社会主义事业重大进展的同时写下了《水调歌头·游泳》这一壮丽的诗篇："才饮长沙水，又食武昌鱼。万里长江横渡，极目楚天舒。不管风吹浪打，胜似闲庭信步。今日得宽馀，子在川上曰：逝者如斯夫！风樯动，龟蛇静，起宏图。一桥飞架南北，天堑变通途。更立西江石壁，截断巫山云雨，高峡出平湖。神女应无恙，当惊世界殊。"①毛泽东在这篇诗词中既表达了对祖国大好河山的赞美之情，也展露了对新中国未来工业化建设的远大梦想，那就是不仅要将长江天险"一桥飞架南北，天堑变通途"，还要"截断巫山云雨，高峡出平湖"。在毛泽东看来，如果说武汉长江大桥的建设即将实现"天堑变通途"的话，那么"高峡出平湖"就是将来不久的长江水利开发的远景规划，这当然就是集中在长江三峡大坝的建设上。

关于新中国成立后毛泽东下定决心修建三峡的原因，很多人认为是长江水利委员会主任林一山向毛泽东建议的结果，但事实上并非如此。要说谁最先在新中国成立后向毛泽东提出了修建三峡水利枢纽的计划，那这个人就是新中国成立前任职国民政府资源委员会主任的钱昌照，因为钱昌照直接参与了当时三峡工程的前期准备工作，包括三峡坝址勘探、资金筹备等，对三峡工程非常了解，但随着国民党政府陷入失败的泥潭以及主管财政工作并且作为钱昌照支持者的宋子文下台，1947年4月钱昌照辞去国民政府资源委员会

---

① 参见《毛泽东诗词集》，中央文献出版社2017年版。

主任一职，仅一个月后，国民政府就下令终止三峡大坝计划，结果，"成吨成堆的调查资料和设计图纸被锁入仓库，中国历史上首次开发长江三峡的壮举，由此中途夭折，付之东流"。1948年秋，钱昌照到英国、法国、比利时考察工业生产，随着解放战争的节节胜利，他决心回到祖国，在中共中央的帮助下，于1949年6月经香港到达北平，受到毛泽东的接见。为了发展新中国的水利事业，钱昌照向毛泽东面呈建国大计，其中就有开发长江水力资源一事。对于三峡水利工程的事宜，毛泽东当时就表示，长江三峡水利工程将来一定要搞的。[①]这应当是毛泽东第一次听到有关三峡工程汇报。

1953年，毛泽东主席在听取长江干流及主要支流修建水库规划的介绍时，希望在三峡修建水库，以"毕其功于一役"。他指着地图上的三峡说："费了那么大的力量修支流水库，还达不到控制洪水的目的，为什么不在这个总口子上卡起来？先修那个三峡大坝怎么样?!"

1953年10月，长江水利委员会上游局党组向西南局财委的报告中提出，将来三峡水库的蓄水高度可能在190米左右，请西南局向沿江城市和有关单位打招呼，不要在190米高程以下设厂或建较重要的工程。西南局财委同意了这个意见。1954年9月，长江水利委员会主任林一山在《关于治江计划基本方案的报告》中提出三峡坝址拟选在黄陵庙地区，蓄水位拟选为191.5米。

1955年起，在中共中央、国务院领导下，有关部门和各方面人士通力合作，全面开展长江流域规划和三峡工程勘测、科研、设计与论证工作。3月，在莫斯科签订了技术援助合同，第一批苏联专家6月到达武汉。长江水利委员会所属4台钻机和第七地形测量队先后进入三峡地区，开展测量工作。1955年12月，周恩来在北

---

① 参见《钱昌照回忆录》，中国文史出版社2014年版。

京主持会议，在听取长江水利委员会和苏联专家两种截然相反的意见后，肯定了国内专家的意见，正式提出，三峡水利枢纽有着"对上可以调蓄、对下可以补偿"的独特作用，三峡工程是长江流域规划的主体。

1957 年 12 月 3 日，周恩来总理为全国电力会议题词："为充分利用中国五亿四千万千瓦的水力资源和建设长江三峡水利枢纽的远大目标而奋斗。"1958 年 6 月，长江三峡水利枢纽第一次科研会议在武汉召开，82 个相关单位的 268 人参加，会后向中央报送了《关于三峡水利枢纽科学技术研究会议的报告》。1960 年 4 月，水电部组织了水电系统的苏联专家 18 人及国内有关单位的专家 100 余人在三峡查勘，研究选择坝址。同月，中共中央中南局在广州召开经济协作会，讨论了在"二五"期间投资 4 亿元、准备 1961 年让三峡工程开工的问题。由于暂时经济困难和国际形势影响，三峡建设步伐得到调整。8 月苏联政府撤回了有关专家。

（三）南宁会议上的争论

1954 年，长江遭遇百年一遇的特大洪水，武汉被洪水围困达四五十天之久，武汉市的水位超过了造成巨大灾难的 1931 年。面对洪水，林一山再次向毛泽东提出要尽快修建三峡工程。毛泽东、周恩来根据专家们的建议，开始酝酿修建长江三峡大坝。不久，毛泽东向苏联提出，请他们帮助我们兴建这个工程，并且协助规划，以求进一步治理开发长江。苏联及时派来了一些专家。于是，长江流域规划办公室在以往工作的基础上，在苏联专家的协助下，全力开展了长江规划和三峡大坝工程的勘探设计研究，初步选定三斗坪作为坝址。

1956 年，"三峡主上派"在毛泽东面前再次力促三峡工程上马，这一次老人家真的动了心。同年 9 月 1 日，《人民日报》头版头条便醒目地刊出了《长江流域水利资源查勘工作结束》的特字号标题新闻，副题为：开始编制流域规划要点，争取年底确定第一期开发工程方案，解决三峡大坝施工期间发电、航运问题的研究工作即将完成。

当时的神州大地，到处热气腾腾，蒸腾着冲天的干劲。但此时，也有很多人对三峡工程的上马却持怀疑乃至反对的态度。

关于三峡工程是否上马的公开争论，最早发生在1956年夏。当时，林一山在水利部主办的该年《中国水利》杂志第五、六期上，发表了一篇约两万字的长文，主张要尽快修三峡，认为只有三峡才能解决长江的洪水问题。其中谈到发电的只有500字。他所设想的水库蓄水高度是多少呢？是235米，比现在建成的三峡水库的蓄水高程175米高出60米！蓄水235米会是什么结果呢？重庆要淹到抗日战争胜利纪念碑，大半个重庆城要被淹掉。另外还要迁移人口200多万，将淹没四川沿江十几个城市。为什么非要235米呢？林一山认为这样就可以有1100亿立方米以上的防洪库容，就可以把长江1954年堤防挡不住的洪水全部装起来。

这篇文章公开发表后，水电系统许多技术干部都看到了，认为这样的方案太离谱了。当时电力工业部的水电建设总局也有一个技术性刊物《水力发电》，时任局长的李锐就组织了一批老水电专家写文章批驳林文。9月份出了一期"长江规划专号"，全面地论述防洪、发电、航运等方面的问题，以及有关经济、淹没损失和地质等种种技术上的问题，共有十来篇文章，其中包括李锐亲自撰写的一篇字数也达两万多字的长文章。

这些文章的核心内容是，不能为了免除武汉多少年一遇的洪水威胁而牺牲重庆等十来个城市，认为这是以邻为壑。防洪应该采取综合规划原则，要注意加强堤防、湖泊洼地蓄洪排涝、支流水库和干流水库4个方面的协调发展，而堤防的作用自古相沿，中外如此，尤为重要。文章还认为，我们只能根据国家经济技术发展条件，逐步提高防洪标准，不能"毕其功于一役"地去解决最高标准的长江防洪问题。至于要求在当年建成三峡这样大的水电站，同国民经济包括电力的发展更是远远不相适应，并且将遇到一系列世界上未经历过的技术问题。因此，这一组文章认为，防洪有其他可靠办法，当时三峡决不能上！当然，这种发行量较小的学术刊物影响有限，毛泽东无缘过目。

1958 年 1 月，毛泽东在南宁主持召开有部分中央领导人、几个大区负责人和部分省委书记参加的政治局扩大会议，即后来所称的"南宁会议"。会议的主要内容是讨论 1958 年的国民经济计划预算、批判"反冒进"。这是为在全国掀起"大跃进"高潮进行思想理论准备和具体部署的一次会议。会议后期，毛泽东提出修建三峡工程。薄一波反映说，此事有反对派，有个李锐是搞水电的，同林一山在这个问题上有争论。毛泽东说，那就把两个人都找来当面谈一谈。于是，就有了随后发生的决定三峡工程命运的一场精彩的辩论。

1958 年 1 月 17 日，时任电力工业部部长助理兼水电总局局长的李锐突然接到中央办公厅通知，要他第二天乘专机去南宁，讨论"三门峡"问题。还说专机在武汉停留，接林一山一起去。李锐知道电报多了一个"门"字，其实是要讨论三峡。

关于三峡问题，李锐成竹在胸，为了借此机会呼吁优先发展水电，他请专家画了一张中国水电开发示意图，做宣传之用。飞机18 日上午在武昌机场着陆时，林一山已经在那儿等着，他的秘书提着一个沉甸甸的大皮箱；而李锐只带了这张图纸。李锐同林一山不算很熟，1948 年在沈阳东北局开会时见过面；1952 年参观荆江分洪工程时，他也领教过林一山的口才。然而，此次见面，两人只打了个招呼，在飞机上也没有交谈。载着一对"冤家"的专机当天中午到达南宁。李锐刚刚住进宾馆，毛泽东的秘书田家英就找上门来，向他介绍会议形势：主席大批"反冒进"，认为"反冒进"给当时大干快上的大好形势泼了冷水，挫伤了群众的积极性，并点名批评周恩来、陈云，大家紧张得很，有的人睡不着觉。田家英对李锐表示严重的担心，说自己和胡乔木（中宣部副部长）、周小舟（湖南省委书记）都为李锐捏了一把汗！18日晚饭后，李锐和林一山参加了接近尾声的南宁会议。李、林坐在毛泽东的正对面，对面左右是刘少奇、周恩来、朱德、彭真、李富春、李先念、薄一波、柯庆施、李井泉、欧阳钦、张德生、刘仁（代林铁）、史向生（代吴芝圃）、陶铸、王任重、杨尚昆、周小舟、刘建勋等；中央各部有王鹤寿、赵尔陆、黄敬等；还有陈伯达、胡乔木、吴冷西、田家英。

大家都坐定后，毛泽东问林一山：你要讲多长时间？

林答：要两个小时。

毛泽东又问李锐，李锐说只要半个小时，并请林一山先讲。

林一山曾就学于北京师范大学历史系，学识丰富，口才出众，在水利系统很有名气。林一山长篇大论，从汉朝贾让治水谈起，两千多年间，长江洪水为害，平均10年一次。辛亥革命以来的40年中，平均5年一次，可见长江洪灾愈演愈烈。1931年水灾，死14.5万人；1935年大水，死14.2万人；1949年大水，死5700人；1954年特大洪水，虽采取紧急分洪等措施，保住了武汉和荆江大堤安全，仍淹死了4900人……林一山强调：长江洪水主要来自宜昌三峡以上，至少占汛期干流水量的50%以上。因此，三峡枢纽对长江防洪具有决定性意义。林一山认定：只有三峡才能控制川江洪水，解除荆江大堤的严重威胁和洞庭湖区的洪灾。倘若荆江大堤决口，将直接威胁江汉平原几百万人的生命财产安全……

关于水库的正常蓄水位，林一山这时改变了235米方案，提出

"210—200方案"；关于装机容量，认为至少可达1340万千瓦，年发电量1000亿度以上；关于工程技术，林一山称：已选好几个比较坝段，有三个方案；施工难度和强度同国外类似工程相比，也没有什么不可克服的困难；关于投资，林一山估算约为72亿元；关于水库移民，林一山没有谈及。

接着由李锐发言，他首先强调长江不同于黄河，自古以来是条好河，轮船从上海可直达宜宾，是世界大河中数得出的黄金水道，最好的通航河流；泥沙远不如黄河严重；水量为黄河的20倍，洪水量为50倍；最大与最小流量之差，黄河为200多倍，长江只25倍。

李锐认为：三峡只能控制长江流域面积的50%，即只能管住西水（川水），而对南水（湖南四水及赣江等）和北水（汉江）都无能为力。李锐强调防洪的堤防作用，他说：堤防是我国自古以来也是世界各国行之有效的最好的防洪措施；无论有无三峡工程，必须搞好堤防。1870年所谓长江干流千年一遇的大洪水，主要是川江洪水，四川灾情极重；洪水过三峡后，向南冲开松滋口（南岸四口最上位），并未冲破荆江大堤。因此，说什么荆江决口要死上百万人，是一种危言耸听的不实之词。

李锐特别强调移民问题：如按坝高200米方案修建三峡水库，估计移民至少在100多万人，这是一个极其严重、极为困难的问题。李锐特别谈到三峡主要是一个发电站：1957年全国用电的总需求只有190亿度，而三峡一个大电站就要发电1000亿度以上，即使按当时预测的15年后全国用电量达到2000亿度，这个电站的发电量占全国发电量的比例也太大，并将严重影响电网的运行，因为一个电站的发电量在一个电网中所占的比例一般来说是不应该超过20%的，一个地域广大的国家总有好几个电网。讲到这里，李锐打了一个比方：在一座城市里，总不能只有一个百货商店吧，尤其大城市，需要多少个商店啊！中国什么时候需要三峡这样一个大电站，我说不清楚。这个比方使得毛泽东和与会人员频频点头。

李锐接着谈到，国防也是问题，同世界形势有关系。此话大概言中了毛泽东的心事，他插话道：这样的工程当然会吸引敌人注意，决不能遭敌人破坏。李锐最后说：三峡工程技术问题很复杂，根据自己搞水电建设的经验，弄清三峡的地质情况就需要多年时间。多级船闸、电站装机容量（至少60万千瓦一台）以及施工等问题，都是超世界水平的。

据与会人员讲，这一场由毛泽东导演的精彩的辩论，口才颇佳的林一山似乎发挥得不够好：从内容看，讲理想多，而分析理想与可能之间的关系很笼统，时常离题较远，听来显得驳杂，缺乏系统；从技巧方面看，他引用了许多外行不易明白的数据，"行话""术语"过多。

而李锐的发言，显然引起了与会者情绪上的呼应。特别是他带到会场铺在桌子上的一张全国水电开发示意图，令人一目了然，引起了毛泽东和其他与会者的极大兴趣。毛泽东当时就说了话：中国应当优先发展水电。因此李锐发言结束时，几个小时前还为他"捏一把汗"的人们，神态都宽松了下来。

两人都讲完之后，毛泽东没有当即评判，却说："讲了还不算数。你们俩各写一篇文章，不怕长，三天交卷。"

1月21日晚上，仍在原处开会。与会者已将印发的两篇文章看过了。毛泽东先讲，说李锐的文章写得好：意思清楚，内容具体，论点可以服人。特别赞赏李锐文中关于电站容量跟电网及全国电力的比重关系，以及坝址地质条件的说明。批评林一山的文章"文理不通、大而无当"。其实，实事求是地讲，林文作为一份长江流域远景规划的概要，虽有不足，但也是很有见地和价值的。对于毛泽东在南宁会议上对自己的赞扬，李锐是持保留态度的。他认为自己在这场三峡之争中之所以取胜，主要是因为对水电建设与国家经济发展的关系做出了正确的分析。因此应当受到称赞的是符合实际的科学态度和正确的经济观点，而不是辞章。毛泽东呢，"但说文章好，未言经济长"（李锐诗《三峡》三首之三）。

当天晚上的会议只开了不到半个小时，会议结束时，毛泽东明确宣布：中央并没有要修建三峡的决定。还说他对三峡工程还是有兴趣的，如果今后 15 年能建成，那是赶上美国的问题。

南宁会议以三峡议题结束。会后，毛泽东将三峡问题交给周恩来负责，并嘱咐，一年抓 4 次。20 世纪 50 年代的这桩三峡"公案"至此告一段落。就这样，在"大跃进"的紧锣密鼓声中中央做出的关于三峡问题的决议，是当年唯一的一份不符合"跃进精神"的决议。这份题为《中共中央关于三峡枢纽工程和长江流域规划意见》的正式决议，是在南宁会议两个月后那个掀起中国全面"大跃进"的成都会议上做出的。毛泽东在这份决议的草稿上做了"积极准备、充分可靠"的八字批示，因此它成了成都会议上通过的 39 个"跃进"决议中，唯一没有给国民经济火上浇油的决议。

1958 年底，长江水利委员会曾提出三峡初步设计要点报告，建议三峡工程 1961 年开工，1965 年至 1966 年发电，1967 年完工。但中央未予考虑。此后，不管水利部和林一山怎样催促三峡工程上马，因为条件不成熟，毛、周始终没有点头。

（四）成都会议的决定

1958 年 3 月，周恩来总理在成都会议上作了关于长江流域和三峡工程的报告，成都会议大组会议进行了讨论，3 月 25 日会议通过了《中共中央关于三峡水利枢纽和长江流域规划的意见》，明确提出："从国家长远的经济发展和技术条件两个方面考虑，三峡水利枢纽是需要修建而且可能修建的，应当采取积极准备、充分可靠的方针进行工作。"并提出以下几点意见：

（一）从国家长远的经济发展和技术条件两个方面考虑，三峡水利枢纽是需要修建而且可能修建的；但是最后下决心确定修建及何时开始修建，要待各个重要方面的准备工作基本完成之后，才能作出决定。估计三峡工程的整个勘测、设计和施工的时间约需十五年到二十年。现在应当采取积极准备和充分可靠的方针，进行各项有关的工作。

（二）为了便于今后有关的工业、农业、交通等基本建设的安排，并且尽可能地减少四川地区的淹没损失，三峡大坝正常高水位的高程应当控制在二百公尺（吴淞基点以上），不能再高于这个高程；同时，在规划设计中还应当研究一百九十公尺和一百九十五公尺两个高程，提出有关的资料和论证。

（三）三峡工程的准备工作时期，对美人沱和南津关两个坝址的继续勘测和研究，对一切主要的技术问题和经济问题的探讨，都应当采用展开争论、全面比较论证的方法，以求作出充分可靠的结论；某些重大的技术问题必须做试验研究。三峡水利枢纽和长江流域规划的要点报告应当于一九五八年第二季度交出，三峡工程的规划性设计应当争取于一九五九年交出，初步设计应当争取在一九六二——一九六三年交出。

（四）长江较大洪水一般可能五年发生一次，要抓紧时机分期完成各项防洪工程，其中堤防特别是荆江大堤的加固，中下游湖泊、洼地蓄洪排渍工程等，决不可放松。在防洪问题上，要防止等待三峡工程和有了三峡工程就万事大吉的思想。

（五）长江流域规划工作的基本原则，应当是统一规划，全面发展，适当分工，分期进行。同时，需要正确地解决以下七种关系：远景与近景，干流与支流，上中下游，大中小型，防洪、发电、灌溉与航运，水电与火电，发电与用电（即有销路）；这七种关系必须互相结合，根据实际情况，分别按轻重缓急和先后的次序，进行具体安排。三峡工程是长江规划的主体，但是要防止在规划中集中一点，不及其他和以主体代替一切的思想。

（六）由于条件的比较成熟，汉水丹江口工程应当争取在一九五九年作施工准备或者正式开工。

会后，为了加强对三峡工程和长江规划工作的领导，正式成立了长江规划委员会，委员名单由周恩来提出，报告中央通过。三峡工程和长江规划中的设计文件，均应经过国家计划委员会批准。

当月，周恩来总理登上三斗坪中堡岛，与随行专家共同研究三峡工程坝址优选方案。1958 年 3 月 30 日，毛泽东主席视察葛洲坝坝址。1958 年 6 月，长江三峡水利枢纽第一次科研会议在武汉召开，82 个相关单位的 268 人参加，会后向中央报送了《关于三峡水利枢纽科学技术研究会议的报告》。1958 年 8 月，周恩来总理主持了北戴河的长江三峡会议，更具体地研究了进一步加快三峡设计及准备工作的有关问题，要求 1958 年年底完成三峡初设要点报告。1960 年 4 月，水电部组织了水电系统的苏联专家 18 人及国内有关单位的专家 100 余人在三峡查勘，研究选择坝址。同月，中共中央中南局在广州召开经济协作会，讨论了在"二五"期间投资 4 亿元、准备 1961 年三峡工程开工的问题。由于暂时经济困难和国际形势的影响，三峡建设步伐得到调整。8 月苏联政府撤回了有关专家。

到了 1970 年，中央决定先建作为三峡总体工程一部分的葛洲坝工程，一方面解决华中用电供应问题，另一方面为三峡工程作准备。12 月 26 日，毛泽东主席作了亲笔批示："赞成兴建此坝。"1970年 12 月 30 日，葛洲坝工程开工。

六、毛泽东与葛洲坝水利枢纽

对于长江的开发，从近代以来就集中在三峡水利工程的建设上，尤其在新中国成立后，毛泽东为了实现"高峡出平湖"的梦想，集中了较多的力量对三峡进行勘探，但随着涉及三峡的种种问题的出现，这时的长江水利建设者从实际情况出发开始提出修建葛洲坝水利工程的计划，毛泽东也作出了一个新的决定。

（一）葛洲坝工程计划的提出

毛泽东从 1954 年起就开始关注中国的水利水电事业，关注治理长江，关注三峡工程，然而三峡工程却"半路杀出个程咬金"——葛洲坝工程。

1958 年 1 月，以三峡工程为主要议题的南宁会议结束后，毛泽东主席便让周恩来总理挂帅，具体抓三峡工程的设计与规划建设。从那时起，总理便组织水利部和长江水利委员会的领导和技术人员对三峡进行实地考察与勘测，开始规则设计，做了初步的准备工作。随后中共中央于 1958 年 3 月 8 日至 26 日召开的成都会议通过了《中共中央关于三峡水利枢纽和长江流域规划的意见》，明确提出："从国家长远的经济发展和技术条件两个方面考虑，三峡水利枢纽是需要修建而且可能修建的，应当采取积极准备、充分可靠的方针进行工作。"1960 年 4 月，中共中央中南局在广州召开经济协作会，讨论了在"二五"期间投资 4 亿元、准备 1961 年三峡工程开工的问题。正当三峡工作提上议程的时候，由于暂时经济困难和国际形势影响，三峡建设步伐得到调整。

到了 20 世纪 60 年代后期，长江流域规则办公室技术员邱忠恩同志提出"暂时不建三峡工程，能不能先建葛洲坝工程"的建议，很快得到湖北省革命委员会副主任张体学和水利电力部副部长钱正英的积极支持。这是三峡工程半路杀出的"程咬金"。时任长江流域规划办公室主任林一山对是先上葛洲坝工程还是先上三峡工程持有不同意见，他认为：（一）葛洲坝工程作为三峡大坝的反调节梯级装置，原计划是等到三峡工程后期才做的，故当时连地形勘测、地质钻探都做得不够，不宜开工兴建，而三峡工程却完成了设计，准备相当充分；（二）三峡分期开发方案的工程规模与投资同葛洲坝工程相差不大，他主张先建三峡工程，至少是要在三峡一期工程完成后再兴建葛洲坝工程，那样省钱、省力，困难也少。随后湖北的张体学等人同毛泽东的一次会面将葛洲坝工程的计划提出来了。

1969 年 11 月间，曾思玉、刘丰和张体学三人随汪东兴走进东湖宾馆毛泽东的住处。毛泽东正在读书，他见曾思玉等人进来，笑着问："你们有什么要紧的事谈呀？"曾思玉回答："报告主席，是关于长江上兴建大型水电站的事情。我们拟了个方案，计划用 10 年时间，投资 30 亿元，在三峡三斗坪地区兴建高层大坝枢纽水电站，实现主席'高峡出平湖'的宏伟理想。"毛泽东微笑不语。曾思玉指指张体学，"具体方案，由体学同志向主席作详细汇报。"

毛泽东听了张体学的汇报，摆摆手说："你们真有雄心壮志呀！敢想敢干精神可嘉。可是你们就不怕原子弹吗？大坝修起来了，战争打起来万一被炸，那么多的水流下来，不但要淹掉宜昌，顺流而下，连武汉、九江、安庆、南京都要遭殃！"毛泽东大手一挥，果断地说，"现在修三峡工程不妥，条件不具备，不能搞。"毛泽东燃起一支烟，深深地吸了一口，目光落在曾思玉的脸上："你们真敢呀！'高峡出平湖'是我写诗说的。你曾思玉打仗可以，但你没有搞水利的实践经验。张体学搞过丹江水利发电站，有发言权，但现在修三峡大坝不现实。"毛泽东指了指图纸，"你们说投资三十多亿，我看一上马就要五十亿之多。就是不打仗，我们的国力和技术力量，也是难以办到的。"曾思玉、刘丰、张体学连忙站起来："主席高瞻远瞩，我们考虑欠妥。"主席微笑着问："你们还有什么好的方案吗？"曾思玉答："如果不搞三峡三斗坪大坝，我们还有第二方案，就是在西陵峡出口葛洲坝建低水头坝，利用径流发电。"张体学把图纸摆出来，照图向毛泽东详细报告了方案。毛泽东边听边详细询问了各方面的情况，他最为关注的是战时葛洲坝能否造成水患？曾思玉和张体学一一给予解答，毛泽东笑着点点头说："有道理，万一低坝被炸，对下游影响也不大。"他果断地大手一挥，"好，赞成兴建此坝！"曾思玉等人特别兴奋，表示一定要向湖北人民传达这个喜讯。毛泽东摆摆手，"你们要向周总理请示报告，并要得到国务院水利部及其他有关部门的大力协助和支持，望你们在设计施工中，不要把长江变成短江，要做到'三救'，即救船、救水、救鱼。"毛泽东从沙发上站起，"好吧，就谈这些，祝你们成功！"根据毛泽东的意见，湖北省加快了葛洲坝建设规划设计和上报工作。

1970年5月29日，水电部军管会及葛洲坝工程设计组在京西宾馆向中共中央政治局委员、国务院业务组负责人李德生汇报葛洲坝工程初步设计要点。李德生要求赶快写报告向中央政治局委员、副总理李先念汇报。5月30日，水电部军管会向国务院业务组呈送《关于停建鄂西清江水电站兴建长江葛洲坝水利枢纽的报告》。次日，李先念、李德生、余秋里听取水电部军管会主任张文碧、副部长钱正英等关于葛洲坝设计方案的汇报，一致同意提前兴建葛洲坝工程。李先念副总理指示：要继续工作，要报告总理。

1970年10月，中共中央政治局会议讨论葛洲坝工程问题，11月原则上批准兴建葛洲坝水利枢纽。10月22日，张体学风风火火赶到宜昌，传达周恩来总理关于抓紧准备葛洲坝工程的指示，并主持召开有水电部、交通部、省革委会生产组、长航局、铁道四院、"长办"、丹江口工程局、宜昌地区革委会和鄂西工程指挥部等单位代表参加的葛洲坝工程施工准备会议，决定成立工程临时领导小组，张体学任组长，李地山等任副组长。勘测设计队伍由"长办"和丹江口工程局部分人员组成。施工队伍有丹江口、马颊河、"长办"施工总队共 6 个团，鄂西指挥部 6 个团，共投入 12000 人。

10 月 30 日，周总理主持国务院会议，讨论兴建葛洲坝工程问题，李先念、李德生、袁宝华、曾思玉等有关负责人参加了会议。同一天，武汉军区、湖北省革命委员会向毛泽东主席、中共中央和国务院呈送《关于兴建宜昌长江葛洲坝水利枢纽工程的请示报告》。

1970 年 12 月，周恩来主持召开了葛洲坝工程讨论会，周恩来知道人称"长江王"的林一山有不同意见，每次会议都让工作人员通知到林一山本人，而且会议开始后，周恩来还要关心地问一声："林一山同志来了没有？"会间他也常说："林一山同志你谈谈看法。"林一山同志多次谈了自己的看法，但不少人没有接受。有一次会散了，林一山依然坐在那里，周恩来送走别人，又折回会议室向林一山走去，"林一山同志，刚才你没有把话说完，是吧？还是应该讲，我喜欢听你的意见，就因为你总是讲真话。"林一山已经冰凉的心又被总理的话温暖了，他激动地从 1958 年修坝设想的提出，到三峡大坝与葛洲坝工程的关系，以及对葛洲坝工程的准备情况、自己的意见和看法，都非常细致地向总理作了说明，他说得是那么认真，总理听得是那么仔细……

在当时处于"文革"后期的气氛条件下，会议讨论的结果，还是按多数与会者的意见拟出一份报告，就要上报毛泽东了，但周恩来考虑到林一山的意见不无道理，于是他让林一山连夜把意见写成书面材料附在报告后面，一并呈报毛泽东，并特别说明："林一山意见也一并送上，供参阅。"最后一次请毛泽东定夺时参考。周恩来对不同意见的认真精神、对决策葛洲坝工程的慎重态度由此可见一斑。

1970 年 12 月 24 日，周恩来向毛泽东作了汇报："主席：去年十月，主席在武汉曾在曾思玉、刘丰两同志提议修三峡大坝时说到，在目前备战时期不宜作此想。后来，他们说水电部、长办能够设想改修三峡下游宜昌附近的葛洲坝低坝，采用径流发电，既可避免战时轰炸下游淹没的危险（低坝垮了至多三亿到八亿五立方米水量的下泄，宜昌到武汉河槽内可以容积），又可争取较短时间加大航运和发电量（航运单向年达到二千五百万吨位，发电装机可达到204 万千瓦，保证出力 80 万千瓦，时间十年可成）。武汉军区和湖北省革委会本年十月，就提出报告请中央列入'四五'计划。中央政治局十一月会议讨论，原则批准，要他们多做水工试验和研究，并写一可靠的水坝工程资料。我和国务院业务组（先念、登奎、德生同志均参加）与曾思玉、张体学、林一山等同志和水电部负责人经多次研究和讨论，认为在'四五'计划时兴建葛洲坝水利工程是可行的，他们所提出的资料和数据也是经过十来年的现场地质勘察、水工试验和历史水文记录的积累和分析研讨，基本可靠。而在施工过程中还可精心校正、精心设计，力求避免二十年修水坝的许多错误。至于三峡大坝，需视国际形势和国内防空炸的技术力量的增长、修高坝经验的积累，再在'四五'期间考虑何时兴建。现将中央批复送审稿及报告和附件、附图（二张）呈上，请审阅，并请主席批示。林一山意见也一并送上，供参阅。"毛泽东便在同年 12 月 26 日批示："赞成兴建此坝。现在文件设想是一回事。兴建过程中将要遇到一些现在想不到的困难问题，那又是一回事。那时，要准备修改设计。"

　　对于兴建葛洲坝水利工程，周恩来在 1971 年 6 月 23 日国务院召开的葛洲坝水利工程讨论会上强调："过去，毛主席对修地下铁道的批示，就是要随时注意修改设计。地铁的设计工作，现在还有很多'后遗症'，改起来很麻烦。地铁仅仅是一段而已，长江是一条大河，葛洲坝一个大工程，很复杂，要不断修改设计，不能出乱子，出了问题我们要共同负责。毛主席这个批示很重要。要搞'三结合'，搞群众性设计，实践、认识、再实践、再认识，要准备修改设计。"

（二）一波三折的建设过程

葛洲坝工程得到毛泽东批准后，施工中没有全面领会毛泽东的批示，没有从林一山意见中吸取借鉴，没有从以往20年修水坝的错误中吸取教训，错误实行"三边政策"（边施工、边设计、边勘测），违背施工程序规律，出现了严重质量问题，带来了三大恶果：质量差（两年共浇筑混凝土10.52万立方米，不合格的占掉了1.62万立方米），进度慢，浪费大（设计还没搞出来，已花费人民币2亿7千万元）。葛洲坝工地的种种问题，通过各种渠道反映到国务院。1972年6月，周恩来总理在机场送走斯里兰卡总理班夫人，对钱正英说："葛洲坝是我的一块心病。"

1972年10月，国家派出以国家建委副主任谢北一为首、国家计委、水电部、交通部、一机部等负责同志参加的工作组，到工地检查了工程的设计和施工问题，向国务院如实汇报了从设计方案到施工质量的一系列问题，引起了国务院高度重视。

在极左思潮影响下仓促上马的葛洲坝水利枢纽工程出现了严重的技术问题，而停工与继续施工两种意见又相持不下，情势十分严峻。1972年11月8、9、21日，国务院总理周恩来在北京拖着已患重病的身体，连续三次长达20小时听取葛洲坝工程设计和施工质量的情况汇报。他说："水利工程是与水打交道，一点都马虎不得，马虎一点马上出问题，是关系人民生命财产的问题，怎么能得过且过？""我第一担心的是通航，第二是泄洪，现在不能头痛医头，脚痛医脚了，如果说不行了，我们马上停下来。长江出乱子，是整个国家和整个党的事。长江如果出了问题，还有国际影响问题。建国二十几年了，在长江修一个坝，不成功垮了，是要载入党史的问题。葛洲坝可是没有一个外国人参加。我对这个问题是战战兢兢，如临深渊、如履薄冰"。

周恩来对葛洲坝工程果断下令停工，及时作出三项决定：葛洲坝工程设计由长江流域规划办公室负责，成立葛洲坝工程技术委员会，林一山任主任，对国务院全权负责；成立葛洲坝工程委员会，对施工及质量负责，下设工程局，负责日常施工；葛洲坝工程要严格按基本建设程序办事，初步设计期间，主体工程暂停施工。会上周恩来再次强调了听取不同意见的重要性："林一山敢提意见，敢提意见就好。""总得有对立面，没有对立面危险得很……"周恩来还严肃批评了一些同志的蛮干做法，指出"不尊重科学，不坚持真理，这是党性问题"。工程损失的 2.7 亿元资金，被周恩来斥之为"挥金如土"。

停工期间，一方面修改设计，另一方面整顿施工队伍，清退民工，扩大专业队伍，搞好附属工程施工，并着手由"土"向"洋"的转化。复工初期，工程进展仍然不顺利，处于干干停停阶段，直到 1977 年以后才有好转。1977 年李先念副主席在中央工作会议上强调"葛洲坝的建设要抓紧"，几次批示要解决葛洲坝的物资供应，要让葛洲坝"吃饱喝足"。水电部、国家建委都向国务院报送了"关于抓紧葛洲坝建设的报告"，谷牧等中央领导都给予了支持，使得葛洲坝工程建设的资金、材料、设备很快得到落实。中央领导的关怀，极大地鼓舞了葛洲坝建设者的干劲，加之设计条件好转，工程建设日新月异。

对失败教训的正确总结，孕育了成功和胜利的希望，周恩来的教导，成为葛洲坝工程后来建设中的重要工作原则和指导方针，保证了工程的最后胜利。

工程在停工 22 个月之后于 1974 年 10 月复工，此后工程进展顺利，改革开放的春风促使施工质量提高，进度大大加快。工程分两期建设，按设计划分，一期工程的主要任务是修筑二、三江水工建筑物，包括左岸土石坝、3 号船闸、三江 6 孔冲沙闸、非溢流坝、2 号船闸、黄草坝混凝土心墙坝、二江电站厂房、厂闸导墙、二江 27 孔泄水闸和混凝土纵向围堰、220 千伏交流开关站。主体工程复工以后到 1977 年年底，一期工程的三江工程和二江工程部分土石方开挖和混凝土浇筑任务基本完成。1978 年，中共十一届三中全会召开，社会秩序和生产秩序逐步得到恢复，各项工作逐步走向正轨，葛洲坝工程施工进入高峰期，施工速度不断加快，施工质量稳步提高。1978 年至 1981 年年底，4 年完成混凝土浇筑 593.52 万立方米，占一期工程总量的 90%，平均年浇筑强度达到 148.38 万立方米。我国混凝土施工进入了世界先进行列。

（三）葛洲坝造福后代

党的十一届三中全会后，葛洲坝工程的施工速度不断加快，施工质量大大提高，进入一个高速发展的时期。1981 年年初第一期工程基本建成，并开始发挥效益，大江胜利截流，6 月至 7 月间船闸通航，电厂第一台机组发电，泄洪建筑物经受了 70000 立方米 / 秒洪峰的考验。1987 年，创造了年装机最多（6 台）、装机容量最大（75 万千瓦）和单机装机周期最短（33 天）的三项全国第一的新纪录，水电建设大型水轮发电机组安装达到国际先进水平，打破了罗马尼亚、南斯拉夫合建的铁门电站 18 个月安装 8 台 12 万千瓦机组的纪录，也超过了苏联古比雪夫电站 18 个月安装 9 台 12 万千瓦机组的水平。1994 年全部工程胜利完成。

葛洲坝工程是万里长江建设的第一座大坝，是三峡工程的一个重要组成部分。现在，葛洲坝工程已经投产运行三十多年了，不仅发挥出巨大的社会经济效益，而且也为三峡工程的建设管理积累了有益经验。葛洲坝水力发电厂从 1981 年 7 月 30 日第一台机组并网发电，截至 2011 年 12 月底，已累计发电 3919.85 亿千瓦时，实现直接工业产值 300 余亿元（按 1990 年不变电价 0.079 元 / 千瓦时估算），荣获了包括"全国五一劳动奖状""全国模范职工之家""全国精神文明建设先进单位""湖北省最佳文明单位"在内的省、部级以上各种荣誉称号数十项。国务院国办发［1981］18 号文件规定了电厂对船闸"以电养闸"的原则，所有过闸船舶一律免费。葛洲坝船闸自 1981 年 6 月 27 日通航到 2008 年年底，1 号、2 号、3 号 3 座船闸年平均客运 400 万人次，货运 1000 万吨。1 号、2 号两座船闸可通过载重为 1.2 万至 1.6 万吨的船队。3 号船闸可通过 3000 吨以下的客货轮。电站总装机容量为 271.5 万千瓦。挡水大坝全长 2595 米，最大坝高 47 米，水库库容约 15.8 亿立方米。

1996 年创造峰值：客运达到 483 万人次，货运达到 1591 万吨，创历史最高纪录。自通航以来从未出现过碍航和无故停航事件，葛洲坝的航运效益是非常显著的，使三峡航道真正成了"黄金水道"。2011 年，葛洲坝 3 座船闸完成集中控制系统信息化改造，进一步提高了船闸运行效率。从 2011 年开始，葛洲坝船闸年通过量 4 次突破亿吨，较通航之初的 1981 年增长了近 30 倍，发挥了巨大的航运效益。

葛洲坝水利枢纽工程可以说是我国水电建设史上的一个里程碑，得到了中外水利工程界的一致好评。它在一定程度上缓解了长江水患，具有发电、改善峡江航道等功能，可发挥巨大的经济和社会效益。同时，它提高了我国水电建设的科学技术水平，培养和锻炼了一支高素质的水电建设队伍，为三峡水利枢纽工程、溪洛渡工程、向家坝工程的建设积累了丰富的经验，可谓功在当代、利在千秋。

第三章 "一定要把淮河修好"

1950 年，淮河流域发生了历史上罕见的特大水灾，数以万计的生命被洪水卷走，财产损失殆尽，淮河两岸哀鸿遍野。

8 月 5 日夜，毛泽东看到了华东局转来的灾情电报，水灾的严重程度远远超出了预计，一度让毛泽东感情失去控制，泪流满面，久久不语……

这样严峻的水灾形势不仅让毛泽东彻夜难眠、难以释怀，也让他毅然作出了根治淮河的决定，发出了"一定要把淮河修好"的伟大号召，掀开了历史上最大规模的治淮运动的序幕。

一、淮河水患溯源

淮河流域是中华文明的发祥地之一，素有"文化"河、"风水"河之称，淮河之美引来了数不胜数的赞美诗篇。《诗经》就曾称它"鼓钟将将，淮水汤汤"，"鼓钟喈喈，淮水湝湝"；唐代王昌龄用《送郭司仓》表达了留恋之情，"映门淮水绿，留骑主人心。明月随良掾，春潮夜夜深"；宋代诗人秦观直接将淮河描绘成了一幅美妙的画卷，"渺渺孤城白水环，舳舻人语夕阳间。林梢一抹香如画，知是淮流转处山。"对淮河美景的描绘不止这些，有人更直白地表达，发出"走千走万，不如淮河两岸"的感慨。

淮河之所以这么美，是因为淮河流域在历史上曾经气候适宜，植被丰富，河水含沙量低，下游河道宽阔、畅顺，是一条名副其实的安顺、富饶的河流，它不仅养育了淮河文明，也成为中华文明的重要组成部分。但随着气候变迁、黄河改道等原因，淮河也变得不再安静，逐渐成了一条灾害频发的河流，淮河的文明发展史也被治淮史所代替。

淮河之所以演变成为一条洪灾不断泛滥、大灾小灾时有发生的河流，是气象、地理等多种因素共同作用的结果。

淮河流域，就其流域面积和支流数量来说，淮河支流数量很多，而且距离很近，只要河南和安徽的北部地方同时出现降水，就会引起多数河流同时涨水，支流的河水就会注入干流，从而形成了巨大的洪水，导致干流无法及时排泄。

就整个淮河流域的地势而言，淮黄之间是长期沉积而成的大平原，而且由于长时间沉积的原因，黄河流经的区域明显要高于淮河所在的地方，导致了北高南低的地势，所以历史上黄河决口后，尤其是南岸决堤后，"经由豫东皖北各支流以入淮，或经由东平、蜀山、南阳、独山、微山诸湖而侵运，皆以淮域为归宿"。① 而淮河的河床比较平缓，而且河道比较狭窄，导致容量不足。因此，经常发生溃决泛滥。

从淮河流域的气候状况来看，淮河的大部分地区属于亚热带季风气候区，该气候在夏季降水量大而且集中，冬季温和降水较少，在淮河流域这一特点体现得更为明显。因为淮河流域属于我国年降水量达800毫米的区域，是我国降水的丰沛区。淮河流域境内没有高山峻岭，不至于气候有较大的变异，所以在很多时候许多地点会产生较大的暴雨，全年的降水量均为"七百七十公厘，最大一千一百公厘，最小四百公厘。每年七、八月为多雨季节，每月雨天数可达十五至二十天，每月最大雨量自三百至七百公厘，平均在四百公厘左右，为常年雨量百分之六十。每日最大雨量可达二百公厘以上，为常年雨量三分之一。十一月至次年三月，雨量极少，平均每月二十公厘左右，或竟全月无雨"。②

淮河流域多洪灾的另一个原因就是受黄河时常泛滥的影响。原本淮河异常安静，它的性格却在公元1194年发生了改变，这种改变还要归结到黄河身上。宋金时期的黄河在河南原阳县决口，一部分河水通过泗水入淮，改注黄海，这就是历史上有名的"黄河夺淮"，从此淮河两岸人民的厄运一直持续了长达700多年之久。黄河夺淮初期，两河在下游交汇合流入海，但从明朝开始，黄河水全部进入淮河，最终黄河泥沙沉淀致使淮河下游的河床越淤越高，成为名副其实的"地上河"。平地变成了泽国，很多支流下游河段被淤塞成长条形的湖泊，小湖扩大成为大湖，洪泽湖就是其中的一

---

① 《历次全国水利会议报告文件（1949—1957）》，水利部办公厅1957年编印，第389页。

② 《历次全国水利会议报告文件（1949—1957）》，水利部办公厅1957年编印，第390页。

个。尤其是在 1938 年国民党炸毁河南的黄河花园口大堤，导致整个黄河向南泛滥，而且历时 10 年之久，毁坏了整个淮河流域水系，吞没了很多小的支流，淤塞了大支流和干流，使得原本排水不畅的淮河泄洪能力锐减，逐渐形成大雨大灾、小雨小灾的状况。

据资料统计，"1662—1722 年的 60 年中，淮河流域平均每二年一次水灾。1746—1796 年的 50 年及 1844—1881 年的 37 年中，平均每三年一次水灾，1916—1931 年的 15 年中有 4 次水灾。新中国成立前，淮河流域 2 亿亩耕地中经常受灾的有 1.3 亿亩，淮河流域人民的生活处在水深火热之中。历史上 1593、1612、1632、1730、1848、1850、1898、1921、1931 年曾发生过大洪水"①。

在新中国成立前后，淮河水患不但没有缓和的迹象，反而出现了不断加重的趋势，尤其是在 1949 年和 1950 年的夏天，接连发生了全流域性洪水灾害。

二、揭开新中国治淮的序幕

（一）第一份治理淮河的批示

1950 年 6 月中旬后，整个淮河流域一改此前持续高温、干旱的天气，从 6 月 19 日开始，豫皖各地先后连降大暴雨，寿县 7 月 3 日的降雨量达到 113 毫米，宿县 7 月 4 日降雨达 119 毫米。另据《1950 年淮河灾情及抢救防洪工作报告》记载：新蔡从 6 月 26 日至 7 月 5 日降水达 375 毫米；正阳关从 6 月 27 日至 7 月 19 日达到 628.3 毫米；蚌埠从 6 月 26 日至 7 月 20 日降水达 532 毫米。② 不仅

---

① 尚延涌：《毛泽东治淮思想初探》，《民族论坛》2010 年第 2 期。

② 资料来源：《一九五〇年淮河灾情及抢救防洪工作报告》，《治淮汇刊》第一辑，治淮委员会 1951 年编印。

降水量大，而且范围广，形成了一个东至蚌埠，西到京汉路，北起陇海路，南达长江的暴雨中心区域。

连续的降水使整个淮河流域崩溃决堤。首先是支流漫溢。7月3日前后，淮河南部支流的谷河、润河、里河等，北部及中部的泚河、茨河等漫溢河堤，洪水灌入阜阳、临泉、太和、颍上等县。11日，南岸淠河洪水暴发，进入淮水后在安丰塘决口；14日，颍河迅猛涨水，并在阜阳、颍上之间多处决口；16日前后，浍、沱、潼、肥等河全面涨水。至此，淮河大小支流全都漫堤、溃决。随之而来的就是淮河干流的溃决。7月5日，淮河干堤在阜南县境内溃决，6日霍邱淮河干堤溃坝，怀远、凤台、寿县等河段相继决口。18日，蚌埠市至凤阳县段多处溃堤；21日，五河堤被冲垮；23日，蚌埠柳沟闸溃塌。到8月初时，整个淮河干支流溃堤共计82处。整个淮河平原是一片汪洋。很多民众无处藏身，不得不攀树爬屋，财物到处漂流，灾情异常严重，"豫东潢川、皖北阜阳两地区水气森森，连成几百里汪洋，遍野嚎哭，其状凄惨至极"。①

1950年7月20日，毛泽东就接到了一份来自华东防汛指挥部7月18日发给中央关于安徽、河南两省水灾情况的报告，该报告指出淮河中游水势仍在猛涨，估计可能超过1931年最高洪水水位，还强调了灾情的严重性，"今年水势之大，受灾之惨，不仅重于去年，由于水势凶猛，来不及逃走。或攀登树上，失足坠水（有在树上被毒蛇咬死者），或船小浪大，翻船而死者，统计489人。受灾人员共990余万，约占皖北人口之半。洪水东流下游，灾情尚在扩大，且秋汛期尚长，今后水灾威胁仍极严重。由于这些原因，干群均极悲观，灾民遇着干部多抱头大哭，干部亦垂头流泪……"。这

---

① 钱刚、耿庆国：《二十世纪中国重灾百录》，上海人民出版社1999年版，第465页。

份报告进一步加重了毛泽东对淮河灾情的担忧，深刻意识到了灾情的严重性，也意识到刚刚建立不久的新政权将要面临前所未有的自然灾害的严峻挑战，让其感到责任的重大，"如不认真治水根治水害，政权就无法巩固"。

于是，毛泽东当机立断就在这份华东防汛指挥部的报告上作出了具体指示，并转批时任政务院总理的周恩来："除目前防救外，须考虑根治办法，现在开始准备，秋起即组织大规模导淮工程，期以一年完成导淮，免去明年水患。请邀集有关人员讨论（一）目前防救、（二）根本导淮两问题。如何，请酌办。"①

（二）从导淮到治淮的三次批示

7月20日当天，周恩来就看到了毛泽东的批示，当即给水利部打去电话，要求拿出治淮的初步方案。22日，周恩来召集政务院副总理董必武、政务院财政经济委员会副主任薄一波和水利部部长傅作义、副部长李葆华、张含英等有关领导开会，对导淮问题进行研究。会议最终决定由水利部与财政经济委员会计划局负责草拟导淮方案和1951年度水利计划。

就在淮河干支流出现决堤时，7月28日晚，华东局派出了常委曾山率领的水利干部和医疗救护队赶赴皖北灾区，考察灾情并指挥抗洪救灾工作。火车到达蚌埠后，曾山一方面召集各地方领导和部门负责人会议，了解灾情；另一方面组织和动员蚌埠市的领导干部和群众抢运300万斤公粮，并表示该粮直接用作紧急救济粮。但现实灾情让曾山心急如焚。31日，他致函华东局并转告毛泽东、周恩来及中央财委等中央领导部门，详细介绍了他途中的所见所闻：从蚌埠到淮南，"看到淮河两旁村庄均被淹……水势凶猛，一

---

① 《毛泽东年谱（1949—1976）》第一卷，中央文献出版社2013年版，第165页。

片汪洋大海"，"津浦铁路两旁一片汪洋，一眼几十里都是如此，沿路数百里的河堤全部失去作用，村庄被淹没，怀远县县城的城墙也看不到了。许多灾民挤在一块高地上求生，干部情绪低落。这次被淹没的耕地达 3100 万亩，冲塌房屋几十万间，灾民 995 万人，其中断炊的已达 109 万人"，"严重的灾情，使人看了都会流泪"。报告还针对水灾救济等提出了具体意见，并提出了治理淮河的初步方案。返回上海后，曾山多次召集座谈会，讨论治淮问题，形成了比较全面的治淮报告，并初步提出了在皖北成立治淮委员会的方案。这就为后来中央决定设立治淮委员会提供了直接决策参考。

无论中央的毛泽东等领导，还是地方华东局的领导，都在密切注视淮河水灾，然而，水灾非但没有减弱，还进一步加剧，甚至更加严峻。8 月 1 日，皖北区委员会书记曾希圣与黄岩、李世农再次致电华东局、华东军政委员会并转中央，报告皖北灾情及生产救灾工作意见。指出：

一、今年水势之大，受灾之惨，不仅重于去年，且为百年来所未有，淮北 20 个县，淮南沿岸 7 个县均受淹，城市因受淹而迁徙者约 23 万人。二、此次被淹田亩，总计约 3100余万亩，占皖北全区二分之一强。其中完全无收者 2200 余亩，能收高粱一至三成者约 1000 万亩。房屋被冲到或淹塌而已有报告者 80 余万间，其中不少是全村沉没的。耕牛农具损失极重（群众口粮也有被淹没者）。同时由于水势凶猛，来不及逃走或攀登树上、失足坠水（有在树上被毒蛇咬死者），或船小浪大、翻船而死者，总计 489 人。三、受灾人口共 990 余万，约占皖北人口之半，重灾（无收）民约 690 万，其中马上无吃无住无烧也无青草养牛而必须迅速转移非灾区分散安插者共 109 万人。四、灾情之特点是：第一，灾上加灾，去秋无收而今秋又无收者约 300 万人，去秋和今夏均无收而此次又无收者约 240 万人。第二，夏荒尚未度过，原定淮北度荒计划全被打破。第三，水汛期早因旱而迟种之晚秋，尚系嫩苗，即令轻灾，亦被淹死，且水势猛烈浩大，降落迟缓，补种不易，增加生产自救的困难。第四，洪水东流，下游灾情尚在扩大，且秋汛期尚长，今后水灾威胁仍极严重。由于这些原因，干群均极悲观，灾民遇着干部多抱头大哭，干部亦有低头垂泪。①

8 月 5 日夜，毛泽东看到了华东局转来的曾希圣这份灾情电报，一度感情失去了控制。可能是由于第一次拿到这么翔实的水灾材料的缘故，水灾的严重程度似乎远远超出了预计，他对电报中一些水灾描述既吃惊又心痛，在报告中"不少是全村沉没"、"被毒蛇咬死者"、"今后水灾威胁仍极严重"、"多抱头大哭"等句子下画出了重重的粗线，显然，这些淮河灾情已深深触动了他对人民的那份真挚无比的热爱感情，让他对这个国家、这个民族感到一种巨大的责任和使命，随之难过得泪流满面，久久不语，对人民的那份愧疚之情难以言表，他甚至觉得：不解救人民，还叫什么共产党。

由于治水心切的缘故，8 月 5 日当天夜里，毛泽东就在曾希圣关于皖北灾情报告及生产救灾工作的上报意见上对周恩来作出了批示："请令水利部限日作出导淮计划，送我一阅。此计划八月份务须作好，由政务院通过，秋初即开始动工。如何，望酌办。"②

1950 年 8 月 3 日，曾希圣再次致电中央人民政府国务院周恩来总理、董必武副总理，再次报告皖北灾情，并就淮河治本办法提出：

> 要豫皖苏三省同时进行。河南搞好则皖北不利，皖北搞好，则对苏北不利，以目前说以皖北最不利。淮河关节在皖

---

① 曹应旺：《周恩来与治水》，中央文献出版社 1991 年版，第 14、15 页。
② 《建国以来重要文献选编》第 1 册，中央文献出版社 1992 年版，第 356 页。

北，因豫境之水小，到皖北地区则全部汇集起来，且河南上游系小河多已疏开，而皖北全被淤塞，所以每年均有连续水灾，如果不治，则淮北人民势必他徙而流离失所，皖北前途则不堪设想。因此我们坚决拥护对淮河的根治方针，豫皖苏同时进行。

治本办法，我意可分两年进行，其办法是第一年在河南以蓄水为主，减少水量东灌，同时又可解决河南的旱灾问题，在皖北则蓄水与复堤并进（不少地区漫溃），不放松小河的疏浚，一面使淮河容量增大，一面使淮北平原及淮河两侧增加蓄水池，同样可以减少淮河旱灾，在苏北则开一条新河，引淮入海。第二年则进行全线疏浚，并扩大蓄水池，巩固险工涵闸。

蓄水池可选择两种地点来建立，在山地可选择山洪必经之隘口，堵成深池，再以闸门控制之，即可建立水电站，花工少，蓄水大；在平原可选低洼之地，再加挑深，同样花工少。并多开小渠，多挑水塘，多种树林，这样做，既能变坏田为良田，增加产量，又可保证不发水患。

我认为过去治淮均未得要领，他们主要是筑堤，即增高培厚，对河床垫高问题，及水量过大问题未作研究，所以不能解决问题，相反使河水高于平地，致内面之水不能外泄，所以每次水灾，均发展成面。

这份电报比较全面地提出了淮河上中下游的治理方法。尤其提出"在苏北则开一条新河，引淮入海"的构想是非常有前瞻性的，但由于种种原因没有实现。

（三）治淮方案的确定

1950 年 8 月 25 日至 9 月 11 日，在政务院总理周恩来亲自领导下，中央人民政府政务院在北京召开第一次治淮会议。会议对淮河水情、治淮方针及 1951 年应办工程进行了反复讨论。但是作为治理淮河重要地区的苏北区却没有派代表参加会议，在会议召开了 3 天之后，8 月 28 日，周恩来向华东军政委员会主席饶漱石发去了《关于苏北须派负责人参加水利会议》的指示，指出："水利部召开之导淮会议，已将本月二十五日开幕，各地有关地区均已派负责人员到会。苏北未派负责人来，望即派苏北区党委书记或行署主任来京，共商导淮计划，望于本月底或下月初赶到北京。"① 而在当天，华东军政委员会向周恩来作出了汇报。

1950 年 8 月 28 日，华东军政委员会向周恩来首先说明了苏北区没有派人前来的原因："中央召开治淮会议，我们曾通知苏北负责人万众一或惠宇浴中去一人参加，现得知，他们二人均患病不能去。"② 同时还转报了关于中共苏北区党委治淮建议，指出："今年淮水泛滥，皖北遭受空前水灾，苏北感同身受，极表同情，中央有根本治淮河计划，我们甚为拥护。导淮问题关系苏北甚大，中央特为此召开治淮会议，苏北区党委对导淮问题会作讨论，已将意见交行署王处长转陈，兹再提出以下意见：鉴于今年浮山七千多流量，已使洪湖大堆，运河及新淮河非常吃紧，运河南段二度出险，几乎决口。若上游导淮后浮山流量较现在增加，即无其他意外，今后洪湖大堆，运河及新淮河必会更加吃紧。"③ 建议还表示，如今年即行导淮，则势必要动员苏北党政军民全部力量，苏北今年整个工作方针要重新考虑，既定的土改、复员等工作部署必须改变，这在我们今年工作上转弯是有困难的；且治淮技术上、人力组织上、思想动员上及河床搬家，及其他物资条件准备等，均感仓促，对下年农业

---

① 参见中央档案馆：《共和国脚步——1950 年档案》，中国档案出版社 2012 年版。
② 参见中央档案馆：《共和国脚步——1950 年档案》，中国档案出版社 2012 年版。
③ 参见中央档案馆：《共和国脚步——1950 年档案》，中国档案出版社 2012 年版。

生产等均受很大影响。① 如果中央为挽救皖北水灾，要苏北改变整个工作方针，服从整个导淮计划，我们亦当竭力克服困难，完成治淮大计。这段话确实反映了一个问题：治淮是与地方其他紧要工作有冲突的。那么，是不是以治淮为中心？其他工作计划是不是要改变？

1950 年 8 月 31 日清晨，即政务院通过治淮方案的最后一天，毛泽东看到了苏北党委导淮建议的这份电报，苏北党委提出的第三项意见引起了他的注意。为此，毛泽东专门批示周恩来："周：此电第三项有关改变苏北工作计划问题，请加注意。导淮必苏、皖、豫三省同时动手，三省党委的工作计划，均须以此为中心，并早日告诉他们。"② 毛泽东在这份批语中阐明的意见十分明确：当前，在淮河流域要以治淮为中心，同时，要注意改变这些地方的工作计划。要注意，不要打乱阵脚。要在以治淮为中心的前提下，统一安排好各方面的工作。这不是江苏一个地方的问题。整个淮河流域各省各地区，都要考虑改变工作计划和统筹安排工作的问题。毛泽东让工作人员把批件送到周恩来处后还不放心，又亲自给周恩来打电话，谈了自己的意见。

从 8 月 25 日起至 9 月 12 日，水利部一直在开治淮会议，研究落实毛泽东此前关于治理淮河指示的问题。31 日上午，政务院召开总理办公会，通过治淮计划。周恩来正在考虑计划的各项细节以及其他需要说明的问题。他接到毛泽东的批件后，又接到了毛泽东的电话。按照毛泽东的意见，周恩来反复思考了在确定以治淮为中心的前提下，分别制定了江苏、安徽、河南 3 省的各项具体治淮工作方案。然后，周恩来把毛泽东的批语和政务院总理办公会通过的

---

① 《毛泽东年谱（1949—1976）》第一卷，中央文献出版社 2013 年版，第 182 页。

② 《毛泽东年谱（1949—1976）》第一卷，中央文献出版社 2013 年版，第 182 页。

治淮计划，拿到水利部治淮会议上去，由水利部治淮会议具体研究落实这项计划。

在治淮会议结束后不久，1950年9月16日，曾希圣就淮北灾民的情况及调配粮食的意见（部分）再次向中央作出了汇报，报告指出："淮北灾民移至淮南者约十六万人，前后自动到江南找亲戚者，共计约五万人，比预计数目大大减少。最近外出灾民因听到大修水利，已有部分回家，并纷纷询问何时动工。凤台灾民一万人自动请求打石作治水器材，城市工商界亦很兴奋，积极营业。"①

9月21日，毛泽东看了曾希圣报告后，再次对周恩来的治淮工作作出了批示："治淮开工期，不宜久延，望督促早日勘测，早日作好计划，早日开工。"② 连用三个"早"字，可见，毛泽东对治理淮河水患的心情是何等急迫。显然，毛泽东在四次批示中治理淮河的思想发生了明显的变化，即实现了由导淮向治淮的转变，这种思想的转变更多地是来自他对人民的关怀和爱护，也是来自对国家领导责任的那份担当，更是来自几千年中华民族那种同大自然不屈不挠的斗争精神，一个重要的结果就是直接推动了新中国成立初期淮河大规模治理的实施。

1950年10月14日，周恩来主持了政务院关于治理淮河的会议，最终作出了《关于治理淮河的决定》。

这一决定制定了"蓄泄兼筹"的治淮方针、治淮原则和治淮工程实施计划，确定成立隶属于中央人民政府的治淮机构——治淮委员会。新中国第一次治淮高潮拉开了序幕。中央治淮会议随即在京召开，遵照毛泽东的指示，成立了治淮委员会，制订了淮河入海水道方案，落实了人力、财务、物力等保障措施。

---

① 参见中央档案馆：《共和国脚步——1950年档案》，中国档案出版社2012年版。

② 《建国以来重要文献选编》第1册，中央文献出版社1992年版，第357页。

在发出治淮号召的同时，中央正式组建了治理淮河的机构。10月27日，周恩来主持政务院第56次会议，任命了治淮委员会主要领导班子成员，曾山为治淮委员会主任，曾希圣、吴芝圃、刘宠光、惠浴宇4人为副主任，吴觉担任秘书长，汪胡桢、钱正英分别担任治淮委员会工程部正、副部长，统一领导治淮工作。该委员会还分别下设河南、淮北、苏北3个分指挥部。周恩来总理还提出将治淮委员会设在安徽蚌埠市。会议结束后，经过10天筹备，1950年11月6日，治淮委员会在蚌埠正式成立。曾山主持召开了第一次会议，拟订出了当年年底和次年春季的治淮工程和财务预算方案，事实上，淮河水利委员会的成立标志着新中国治水篇章的宏伟序幕的拉开，"淮河成为新中国第一条全面、系统治理的大河"①。治淮委员会的成立将毛泽东酝酿已久的治淮思想落到了实处，把淮河治理工作推向了高潮。

经过紧张有序的准备，治淮工程于1950年11月全面展开，豫、皖、苏300万民工奋战在淮河工地上；各级治淮指挥部都设到了大堤上，设到了水库旁；中国人民解放军组成水利工程队赶赴治淮第一线；华东各大专及高职学校土木水利系即将

毛泽东为修好淮河题词

---

① 水利部离退休干部局：《我和我的祖国——水利系统老干部纪念新中国成立60周年征文集》，中国水利水电出版社2010年版，第123页。

毕业的学生纷纷响应号召，参加治淮工作；中央和华东、中南卫生部派出了大批白衣战士，治淮工作取得了实质性进展。

1951 年 5 月 3 日，中央人民政府治淮视察团一行 32 人，带着毛泽东亲笔题词"一定要把淮河修好"的锦旗，到治淮工地慰问干部、民工。5 月 15 日《人民日报》发表了毛泽东的这一题词。该年 7 月，治淮的第一期工程全部完成，曾山盛赞："治淮是为了人民，治淮是依靠人民，治理淮河的全部计划，是一个改变整个淮河流域自然面貌的巨大计划。已经完成的第一期工程，已经初步地解除了淮河流域严重的威胁。"

在整个治理淮河过程中，毛泽东一直挂念着工程建设。1953 年，毛泽东派傅作义代表他到治理淮河工程中最大的水闸工地慰问建闸员工。1958 年，在杭州会议上，毛泽东又强调治淮的重要性，并指示要以治淮为中心，争取几年内做出显著成绩。在成都会议上，毛泽东赞扬安徽治淮排涝的伟大发明。

三、淮河流域治理规划

在 1950 年的淮河水灾发生之后，为了根治淮河洪水泛滥的局面，毛泽东明确指示周恩来："早日勘测，早日作好计划，早日开工。"① 以周恩来为首的政务院开始着手制定了新中国成立以来第一个治淮方案。

为了响应毛主席的号召，流域规划是淮河流域治理与开发的战略部署和主要依据。新中国成立 70 多年来，为了科学而有序地指导治淮工作，根据国务院部署，在水利部的领导下，先后进行了 5 次流域综合治理规划。

---

① 《建国以来毛泽东文稿》第 1 册，中央文献出版社 1987 年版，第 530 页。

（一）《关于治理淮河的决定》的通过

1950年8月25日至9月12日，水利部一直在开治淮会议，研究落实毛泽东此前关于治理淮河指示。31日上午，政务院召开总理办公会，通过治淮计划。周恩来正在考虑计划的各项细节以及其他需要说明的问题。按照毛泽东的意见，周恩来在确定以治淮为中心的前提下，分别制定了江苏、安徽、河南3省的各项具体治淮工作方案。然后，周恩来把毛泽东的批语和政务院总理办公会通过的治淮计划，拿到水利部治淮会议上去，由水利部治淮会议具体研究落实这项计划。

事实上，为了根治淮河水患，中央还专门派出了水利专家对淮河进行了全流域考察。1950年10月1日，淮河入海水道查勘团从扬州出发开始进行勘查工作。该团由华东军政委员会水利部副部长汪胡桢及中央人民政府水利部工务司司长刘钟瑞领导，包括有关的9个单位共40余人，并有水利专家孙辅世、许心武，地理专家胡焕庸，土壤专家朱维新等参加。该团出发前曾在苏北行署开会讨论了查勘路线与内容。查勘团分农村、工程两个组进行调查研究工作，整个勘察工作于10月底完成。勘查工作完成后，即根据查勘资料，规划河线、入海口及工程方案。①

1950年10月14日，周恩来主持了政务院关于治理淮河的会议，最终作出了《关于治理淮河的决定》，确立了"蓄泄兼筹"，即上游以蓄为主、中游蓄泄兼施、下游以泄为主的治淮总方针。

根据国务院的治淮方针，水利部部长傅作义于1951年1月12日在政务院第六十七次政务会议上作的报告中就确定了1951年的

---

① 《水利部召开治淮会议决定今冬以勘测为重心明春全部动工 淮河入海水道查勘团已由扬州出发》，《人民日报》1950年10月16日。

淮河水利工程建设计划：

上游完成赧王坡等洼地蓄洪及部分操纵工事。配合蓄洪工程，局部整理洪河、汝河等河道。以商丘、陈留、淮阳三区为重点。山区进行水土保持，丘陵区建设塘堰工程。水库建设在先期准备的情况下冬季开工。争取实现二十亿公方的蓄洪任务。

中游湖泊洼地蓄洪工程，要完成有效蓄洪量四十亿公方以上。

通过对淮河进行了长达一年的勘测研究，结合实际情况对原来的一些规划进行了调整，并在 1951 年 6 月 29 日政务院第九十一次政务会议上作了报告，内容如下：原来规定一九五一年上游具体的任务，是在一九五〇年洪水情况下，蓄洪二十亿公方，结合着上游的蓄洪，可使正阳关淮、颍汇流后的最大流量由一万三千秒公方，减到六千五百秒公方，根据这个任务，原来工程的布置，是修建山谷水库，进行洼地蓄洪和整理河道等三项工程，除此以外，并作些沟洫工程和水土保持工作，以增加蓄洪排水的能力，减少山区的冲刷。一九五〇年洪、汝河是重灾区，所有一九五一年的工程，又以洪、汝河为重点。

现在工程实施的情况，稍有一点变动，便是工程的重点，从洼地蓄洪，转移到山谷水库。

从 1951 年 1 月开始，由治淮委员会主持，经过 4 个多月的工作，完成了以防洪为主要内容的《关于治淮方略的初步报告》。其中在 1952 年度的施工计划中，对淮河治理拟定了详细计划。

1951 年下半年到 1952 年上半年，是治淮工程开始后第二个施工年度。在这时期和 1953 年里必须把基本的蓄洪工程建设完成，并把一部分疏浚工程与灌溉、动力、航运等水利建设同时开始。主要开展的工程有这些：（一）山谷水库：（1）完成白沙、大坡岭、板桥、石漫滩 4 个水库；（2）开始佛子岭、梅山、盛家店、鲶鱼山、龙山等水库，并争取在年内完成淠河、史河上的水库建设；（3）作出独树村、长竹园、下汤、曹楼 4 水库的具体规划；（4）继续勘察可能修建的水库。（二）中游蓄洪工程：润河集工程经过第一次汛期考验后，应做必要的修理或补充工程；开始洪泽湖蓄洪及分水工程在两年内完成。（三）疏浚工程：完成三河经高邮湖、邵伯湖排泄 1500 公方 / 秒流量的深泓；完成邵伯至瓜州与三江营的航道疏浚工程深度达零下 0.4 公尺；拆除归江坝；建造挖泥机船；重点疏浚淮河浅段。（四）航运工程：堵塞运河西堤缺口，开始运用淮阴与邵伯船闸；完成高邮至蚌埠航运的具体计划；（五）完成里下河灌溉工程的具体计划；完成利用山谷水库蓄水灌溉 200 万亩的具体工程计划；开辟滨海区农田 100 万亩；（六）动力工程：两年内完成洪泽湖三千千瓦水力电厂作为初步建设，终极目的为一万五千千瓦；完成各山谷水库之水力发电具体计划。[①]

（二）第二、三次淮河流域规划

1954 年淮河发生大洪水以后，暴露了治淮初期规划设计的洪水偏小、防洪标准偏低问题，必须重新制订治淮规划。正如周恩来在 1954 年 9 月第一届全国人民代表大会上所作的政府工作报告中强调的那样："对自然灾害的斗争是我国人民的一个长期的艰苦的任务，我们在水利方面必须作更多更大的努力。今年的洪水也暴露了过去治水工作的不少缺点，例如防洪设计标准一般地偏低，个别工程修得不够安全，有一个时期比较忽视治理内涝和农田水利的工作。"

---

① 《关于治淮方略的初步报告》（1951 年 4 月 28 日），《中国水利》1957 年第 4 期。

第二次淮河流域治理规划是在水利部邀请的苏联专家组指导下进行的，从 1954 年冬开始，到 1956 年 4 月完成，历时一年半。参加这次规划工作的有淮委会勘测设计院，河南、江苏两省治淮指挥部，农业部、燃料工业部、林业部、交通部、地质部、中科院、中央气象局、华东农业科学研究所、南京大学地质系等单位的干部、科研人员和学生共 800 多人。这次制定的《淮河流域规划报告（初稿）》，内容分为：流域总述、水利经济计算、防止水灾、灌溉、航运、水力发电、水土保持、水工、今后勘测设计和科学研究工作、结论 10 卷，约 100 万字。最终这次规划发表在 1957 年 4 月的《中国水利》期刊上。刊登之后，有的研究者就规划中的一些问题提出了意见。如何孝俣在《中国水利》发表了《淮河流域规划提要读后》一文，对防洪的标准问题，第一期工程的研究和对于淮河防洪规划方案的认识等方面，提出了一些意见和看法。如针对第一工程，他提出，"流域规划的编制机关主要的应该是根据国家计划部门对于流域可能投资的范围为控制来进行研究，必要时也可以做到规划和国家计划相结合，才不至于彼此发生脱节。"[1] 同时针对淮河防洪规划方案，他提出：如果采用 100 年防洪标准，以湖泊改善方案为最好，投资最少，又能结合已成工程；采用 200 年和 300 年防洪标准，以中游水库方案为最好，造价最省，淮北分洪方案造价较贵，湖泊改善方案不能解决防洪问题，如辅以疏浚则造价加大，仍不如中游水库方案；如采用 500 年防洪标准仍以中游水库方案为最好。湖泊改善方案不能解决防洪问题，河道疏浚则工程太大，淮北分洪缺点很多而且投资也比中游水库方案高。[2]

在编制淮河规划的同时，淮委会勘测设计院又会同江苏、山

---

① 何孝俣：《淮河流域规划提要读后》，《中国水利》1957 年第 9 期。

② 何孝俣：《淮河流域规划提要读后》，《中国水利》1957 年第 9 期。

东两省治淮指挥部，历时两年多，于 1957 年 3 月编制了《沂沭泗地区流域规划报告初稿》，内容包括：流域总述、防止水灾、灌溉、航运、水力发电、水土保持、水工、结论 8 卷。

1957 年汛期，沂沭泗水系发生约 90 年一遇的大洪水后，暴露了原规划中采用的洪水标准偏低，水利部组织淮委和苏、鲁两省对原报告初稿进行修正，并提出了《沂沭泗地区流域规划初步修正成果及 1962 年以前工程意见》草案。对于这次规划，1957 年 11 月 11 日至 12 月 1 日，国务院在北京召开淮河流域治理工作会议，国务院副总理邓子恢主持会议。会议总结了治淮 7 年来的成绩和问题，着重讨论淮河流域规划。邓子恢作了总结，提出了今后治淮的方针任务。

1958 年淮委会撤销以后，治淮工作由各省分别进行，治淮工作取得一定成绩，兴建了一批山谷水库和各类灌溉工程。但是，在平原易涝地区，有的未经统一规划，自行做了一些不当的蓄排水工程，打乱了原排水系统，加重了地区性灾害和省际水利矛盾。为此，国务院认为应重新研究编制淮河流域治理规划。这是第三次制定淮河流域治理规划。

1964 年，国务院在北戴河召开的黄淮海水利工作会议上，讨论了淮河治理规划问题，水电部据此编写了《淮河流域治理初步意见（讨论稿）》，内容分 4 大部分：自然历史情况，15 年来治淮的成就、问题和经验教训，根治淮河的设想和第三个五年计划工程安排。1965 年，水电部成立淮河规划工作组，其任务有 4 项：淮、沂、沭、泗上中游的洪水蓄洪规划，淮、沂、沭、泗下游洪水出路的统一安排，淮北平原及沂、沭、泗区有关两省以上重要排涝河道的统一规划，有关两省以上重要河流、湖泊灌溉用水的统一安排。规划工作组深入现场，边调查边规划，后由于"文化大革命"的干扰而中止。这次规划基本上确定了沂沭泗水系中下游的沂沭河洪水东调和南四湖洪水南下的总体工程布局，明确了开挖南四湖湖西的东鱼河和淮北的新汴河等排水骨干河道。

（三）第四次淮河流域规划

1968 年淮河干流上游地区和 1969 年淮南淠史河流域发生特大洪水，暴露出上中游阻水障碍严重，行洪区行洪不畅，蓄洪区控制工程不完善等问题，说明淮河防洪体系不健全，抗御洪水能力低，解决淮河流域的防洪安全和治理涝灾等问题已是当务之急。

1969 年 10 月中旬，根据中央指示，国务院治淮规划小组第一次会议在北京召开，会议研究了进一步治淮方案，形成《治淮规划小组第一次会议纪要》。会议充分肯定了治淮成就，指出治淮中存在的问题，提出今后治淮一定要在"修好"二字上狠下功夫。

1969 年 11 月，国务院成立了治淮规划小组，水电部成立了淮河规划组。接着，水电部组织淮河流域 4 省有关领导同志和技术人员，进行流域查勘，然后集中北京，研究编制流域规划。1970 年10 月，国务院业务组在北京召开治淮会议，召集河南、安徽、江苏、山东四省有关负责人研究 6 月份水电部淮河规划预备会议上形成的治淮规划报告草案，会议原则同意了此次的《治淮规划报告》。1971 年 2 月，国务院治淮规划小组提出了《关于贯彻执行毛主席"一定要把淮河修好"指示情况报告》，即"71 年淮河流域规划"。其主要内容是：治水与改土相结合，全面开展农田水利建设，抓紧骨干工程配套，治理中小河流；修建一批"蓄山水""给出路""引外水"的战略性大型骨干工程。

四、淮河治理初见成效

在毛泽东和党中央的领导下，治淮工程取得了很大的进展，

1951 年就建成了 168 公里的苏北灌溉总渠和可蓄洪水 4700 万立方米的石漫滩水库。

中央人民政府为淮河救灾，截止到 1950 年 10 月，共拨运粮食 1 亿余斤，盐 1000 万斤，煤 52 万吨，种子贷款 350 亿元（旧币，1 万元折合人民币 1 元）。另外，由于实行了以工代赈，中央人民政府截至 1950 年 11 月，共批运原粮 4.5 亿斤，小麦 2000 万斤。中央人民政府在极端困难的情况下拨运的 5 亿多斤粮食，帮助淮河流域受灾的人民群众度过了灾荒。

中央政府还在治淮的人力上给予最大限度的援助。即便在抗美援朝战事正紧的情况下，1952 年 5 月，毛主席亲自批示，把两个原准备投入抗美援朝的野战师集体转业，改编为解放军水利工程一师和水利工程二师，开赴治淮第一线，直接担负起佛子岭水库、薄山和南湾水库的建设攻坚任务。在国家全力搞好淮河治理的号召下，沿淮两岸的人民以极大的热情投入淮河的治理中，在工地上出现了"父子齐上阵，兄弟争报名，妇女不示弱，夫妻共出征"的动人景象。广大人民还充分发挥了艰苦奋斗、吃苦耐劳的精神，"建设者居在席棚，食在露天，席棚曾因河涨而数徙，吃饭常为急务打断。"

为了肯定取得的治淮成绩和鼓舞广大人民的治淮热情，1951 年 5 月 2 日，毛泽东派出了以邵力子为代理团长（按计划张治中为中央治淮视察团团长，但由于身体原因，没有率团前去）的中央治淮视察团，前往皖北、河南、苏北三省区视察治淮工程，让邵力子带去了自己亲笔题词"一定要把淮河修好"的四面锦旗，分赠给奋战在工地上的淮委和豫皖苏三省的治淮指挥机关。

到 1955 年时，淮河的治理已经取得了巨大成就。在修建水库方面，在毛泽东的亲自关心和指导下，治淮工程取得了伟大的胜利，1952 年兴建了白沙水库和板桥水库，安徽省以修筑淮北大堤为主，实施了淮河干流和主要支流的堤防建设工程。当 1954 年淮河再次发生特大洪水时，这些水利设施发挥了作用，洪水东注黄海，南入长江，没有发生水患。到 20 世纪 60 年代，治淮工程取得了决定性的胜利，建成了佛子岭、梅山等 10 座大型水库及几百座小型水库，建成了 4 个大的蓄洪工程和 18 个行洪区。历史上多灾多难的淮河，再也没有发生过大水患。

毛泽东在修建水利工程过程中，非常关心修建淮河水利工程群众的利益。1953 年 7 月 10 日，中共中央水利部向毛泽东汇报了《关于发生在各地水利工程中的三个严重问题》，指出："一、治淮民工工资较低和因治淮农户负担加重；二、在水利工程中不断发生伤亡、病亡事件；三、由于工程计划没有主动向群众解释，没有注意解决群众长远利益与目前利益的矛盾，甚至发生违犯群众利益、破坏群众纪律的现象，致使发生群众骚动事件。"[1] 报告提出适当调整治淮工资标准、加强对工地的管理领导、实行安全责任制、解决医务人员缺乏问题和将占用耕地、迁移居民、迁移坟墓的赔偿费列入工程计划等解决办法。毛泽东表示："中央认为，中央水利部七月十日关于发生在各地水利工程中的三个严重问题的报告是正确的。"[2]

"一定要把淮河修好"，毛泽东的题词和整治淮河的伟大实践，充分表现了我们党把人民利益置于一切利益之上，全心全意为人民服务的宗旨和情怀，它对全国的水利建设具有巨大的示范作用。以治淮工程为标志，新中国由此开始了一场向大自然宣战，兴修水利、治理江河的人民战争。

对于治淮取得的初步成绩，确实是值得肯定的。在此期间，修建了可控制淮河干流 72 亿多立方米洪水的润河集蓄洪分水闸，建

---

① 《毛泽东年谱（1949—1976）》第二卷，中央文献出版社 2013 年版，第 136 页。
② 《毛泽东年谱（1949—1976）》第二卷，中央文献出版社 2013 年版，第 136 页。

成了可灌溉 9 万多亩耕地的洪河石漫滩山谷水库，培修加固了淮北大堤及运河东西堤。1951 年 11 月份，曾希圣在华东军政委员会会议上总结治淮一年来的成绩时说：1951 年完成的治淮工程是相当庞大的，堤防工程 2100 公里，疏浚工程 861 公里，蓄洪工程 12 处，大型涵洞闸坝 92 座，总计土工即达 1 亿余公方，并特别强调，工程重点区域的皖北任务完成得非常突出，他们不仅完成计划的 7700 万公方，而且多做了 974 万公方，超过原定计划 13%。阜阳专区 1950 年冬修和 1951 年春修工作，可以说是该年度整个淮河干支流治理工程开展状况的一个缩影。据该区工作总结，该区两季工程任务共有 3296 万公方，工程涉及永安坝、禹山坝、油河左堤、乌江、新河、西淝河涵闸工程等。为完成该期治淮任务，全区从阜阳、太和、颍上、阜南、亳县、涡阳、蒙城、凤台等县抽调人力物力，保证了在汛前工作的完成，基本达到了小雨免灾、大雨减灾的要求。据初步估计，受益田亩 660 多万亩，约等于 1950 年受灾面积的一半。

1954 年淮河流域再次发生特大洪水，雨情、水情总体较 1950 年更大，而经过几年治理的淮河区域堤坝泄洪、分洪有序进行，灾民、物资有序安置转移，社会秩序井然，没有再出现人畜漂流、物毁村没的惨象。

在肯定成绩的同时，我们应该清醒地认识到，整治淮河是一个长期复杂的工程，由于水文资料、地形地质和河道土壤资料等的缺乏，初步治理不免要走一些弯路，如存在堤防工程设计标准不高、重视防洪保堤而忽视了排水防涝等问题。1952 年淮河流域虽然没有出现洪灾，但北淝河、濉河、颍河、涡河等地势低洼地区，就发生了严重的涝灾，豫皖苏 3 省受涝面积 2500 万亩，损失颇巨。但治淮专家很快便认识到了除涝的重要性，明确了"以蓄为主，以排为辅"的除涝方针和按照轻重缓急、次第进行的排涝步骤。以人民利益为根本的政府，终究会根治淮河洪涝灾害。

五、"三省共保"

众所周知，淮河流经区域极为广泛，而且众多的区域属于平原，导致了河流的泄蓄较难。在这种情况下，淮河的治理问题涉及多省的人民群众的生命安全问题，所以在治理过程中多省围绕着如何治理好淮河进行了多次的讨论，提出分治的方案。因此，在治理淮河过程中，对于如何规划治理的问题，淮河流域的沿岸省份也出现了不同的意见。对此，毛泽东在 1950 年夏天面对淮河灾情时，就曾明确指示"导淮必苏、皖、豫三省同时动手，三省党委的工作计划，均须以此为中心"①。

针对如何集中沿河各省的力量进行治理的问题，1951 年 11 月，毛泽东提出了"河南、皖北、苏北，三省共保，三省一齐动手"团结治水的原则，并要求"从长远利益着眼，根本地解决淮河的问题"。事实上，淮河在随后的治理过程中，始终是按照毛泽东这一要求进行的，不仅完成了治水，还理顺了各省之间的关系。

如何统一豫、皖、苏的行动，以治淮为中心？根据毛泽东的指示，周恩来作了许多深入细致的协调工作。治淮会议期间，他针对三省在治淮解决办法上存在的意见分歧，反复召集各地负责干部讨论、协商，并个别谈话，征求意见。他三次专门听取水利部部长傅作义和副部长李葆华、张含英，华东水利部副部长刘宠光，以及河南、皖北、苏北三省区负责人吴芝圃、曾希圣、肖望东等参加的关于淮河流域灾情和治理规划的汇报，他亲自把治淮工程的任务及所需要的经费和粮食在河南、皖北、苏北三省区落实下来后，对三省

---

① 《建国以来重要文献选编》第 1 册，中央文献出版社 1992 年版，第 356 页。

区负责人说:"只要你们三个诸侯统一了,就好办了。我向主席汇报,只要主席同意,就这样办了。"苏北是周恩来的故乡,但他反复告诫干部们要吸取国民党治淮时江浙人管事,只顾下游,不顾中、上游,闹地方主义的教训。

可是,随着淮河上游治理的推进,一些问题呈现出来了,尤其是安徽和河南之间的问题进一步突出,仍然需要各方面形成共识加以协调。其中纪登奎给李葆华拜年的故事就充分说明了河南与安徽对此问题的解决。

河南商丘和安徽淮北紧相邻,多年的水利纠纷困扰着两省的人民和领导者。这些矛盾到了1964年终被化解,其缘由却始于一次特殊的"拜年"。

1964年2月14日,这一天正好是农历正月初二。河南省商丘地委第一书记纪登奎决定去合肥市,给安徽省委第一书记李葆华拜年。这让身边的工作人员颇为困惑,在这万民同庆的节日,人们都待在家里享受亲人团聚之乐。非亲非故的,你去给李葆华拜什么年?若是为了工作,那就等节后上班的时间再去嘛!

纪登奎自然看出工作人员的疑惑,便解释说,李葆华是中央委员,还兼任着华东局书记,可以说是政务缠身,日理万机。就是能见他一面,时间也是受限制的。在春节期间去拜访,却有几个好处,一是春节放假,李葆华书记肯定在家里,时间宽裕,交往不受限制;二是大年下的,正是交友叙旧的好时机,你去拜年,按传统习惯,他是会表示欢迎的。大伙听了这解释,暗暗佩服纪书记考虑问题比一般人深远。纪登奎先让河南省委办公厅给安徽省委打了个招呼,2月14日一早他便带着一伙人匆忙赶往合肥市了。

这一年8月,商丘地区遇到一场百年不遇的暴雨,豫东大地顿时变成一片水乡泽国。庄稼被淹死,房屋被泡塌,刚刚度过"五风"

灾难的商丘人民再一次被推向死亡线。在这危难之时，身为河南省委常委和秘书长的纪登奎被委任为商丘地委第一书记。他深入基层，调查研究，及时向省委和中央汇报了商丘受灾的情况。商丘被国务院确定为全国重灾区，全国各地纷纷伸出救援之手。商丘人民碗里端着18省支援的粮饭，绝望的脸上终于绽出一丝笑颜。然而，作为商丘地委书记，纪登奎依然心事重重，双眉紧锁。他心里考虑的是如何让商丘人民永远摆脱穷困和灾难。

正是新春佳节，街头上时而响起几声爆竹，空气中弥漫着一股淡淡的硝烟味儿。纪登奎在火车站附近给李葆华打了个电话："我代表商丘地委领导给你拜年来了。"李葆华书记连声说："谢谢，谢谢！你不是说等春节以后再来吗？"纪登奎说："今天是正月初二，正好是春节之后嘛！对不起，我们已经来到合肥市了。"李葆华暗暗一惊，不好再推辞，便热情地说："欢迎，欢迎！你真是个工作狂！你们一路上辛苦了。"

李葆华书记在家门口恭候纪登奎的到来。纪登奎虽然仅仅是一位地委书记，也是一位令人尊敬的人物。早在上世纪50年代初，他在河南省许昌当地委书记的时候就受到毛泽东的接见。那年他刚刚28岁，满身充满革命朝气。他在火车上给毛泽东汇报农业合作社建立的情况，他讲得很细致、很生动，毛泽东听得很有兴致，他们一直谈到武汉。纪登奎下了火车，发现身上没带钱，只得到武汉市委借了几十块钱，才买了回许昌的车票。以后毛泽东每次到河南，总要让这位长期在基层工作的年轻人向他汇报工作，称赞比他小30岁的纪登奎是"老朋友"。对毛主席的"老朋友"，李葆华自然是热情接见。

二人紧紧握手，纪登奎先表歉意："对不起，打扰了！春节本是家人团聚的日子，我来得太不是时候了。"李葆华说："哪里，哪里！我们本是一家人，你来我家，也是一种团聚嘛！"

主宾落座，李葆华亲自给纪登奎递烟敬茶。李葆华见跟随纪登奎前来的有河南省水利厅厅长等人，便说："安徽堵了河南的水，你们是来告状的吧？"纪登奎忙说："不，不，不！我们是来向李书记汇报情况的，哪是来告什么状的？"

水利厅厅长拿出事先准备好的材料，想把安徽设置的堵水工程向李葆华详细讲一讲。纪登奎忙示意他把材料收起，说："节日嘛，先把工作往后放一放！我先给李书记讲几个我在乡下遇到的小故事，你听听，可有意思了！"

李葆华点头说："好，好！"

纪登奎喝了一口茶，润了润嗓门，讲了他去永城县裴桥镇小裴庄遇到的几件小事。那是他刚到商丘地委任职，第一次到小裴庄。村头有一所小学校，校舍被大水冲垮，学校的课桌和凳子也被大水冲跑了。学校复课时，只能搭两间草棚，垒几个土桌子和土凳子。十几个孩子全光着屁股，这真是"泥桌子，泥凳子，上面趴着几个泥孩子"。更奇怪的是，那个老师也光着膀子，腰里却系着一个瓢，写字走路晃晃荡荡的。纪登奎上前问他："你带着这瓢上课多不方便！放在别的地方不行吗？"那老师连连摇头说："不中！这是我的全部家当，要是被人偷走了，我用啥吃饭？"

李葆华听到这里，却皱起了眉头。

纪登奎接着往下讲："我来到地头，犁耙手正在翻地。两头牛瘦得皮包骨头。我问：这牲口是咋喂的，瘦成这般模样？犁耙手说：水是精神料是膘，人都没吃的，上哪里弄料喂它？每天啃几把干草，能保住命就不错了。那犁耙手要耕地了，吆喝几声，那牛却不动弹。我问：你的鞭子呢？你用鞭子赶它！那犁耙手却说：一条鞭子得两块钱，队里买不起呀！说罢，便从地上拣了块土坷垃去砸牛屁股，那牛才慢腾腾地走了两步。"

李葆华听到这里，叹了一口气："唉，农村太穷了。"

纪登奎接着又讲了一个在小裴庄亲眼看到的事。救济粮发下来，村民们喜得咧嘴儿笑，纷纷到磨坊去推面。有个老太太独自推着那大石磨，弯腰曲背的，半天推不了一圈。纪登奎急忙走上前去帮她推，老太太硬是把着磨棍不松手。纪登奎说："我帮你推几圈不好吗？你这么大年纪，啥时能磨好？"那老太太说："你这么个大男人多有力气！这磨系着我的裤腰带，你给我推断了咋办？我又没有替换的！"

纪登奎讲到这里，苦笑一声说："如果不是我亲眼所见所闻，我简直不敢相信这是真的。"

李葆华点点头说："这我相信！去年我到淮北，也看到类似情况。不过，你们河南更严重一些。一是河南'五风'严重，给人民造成的影响一时难以消除；二是这次暴雨给你们造成的损失也很重。这真是天灾人祸啊！我已经在全省干部大会上讲过，安徽跟河南是近邻，我们一定要全力支持商丘人民抗洪救灾，重建家园！"

纪登奎站起身，紧紧握住李葆华的手："李书记，我代表商丘人民感谢你，我们一定把你这份情义和关爱牢记心中。不过——"纪登奎说到这里，故意把话停了下来。

李葆华疑惑地打量纪登奎一眼："你还有什么话，请讲。"

纪登奎盯着李葆华说："这次暴雨是主要祸根，但也有另外一个人为的因素，那就是你们安徽——"

李葆华一惊："安徽怎么了？"

纪登奎把深埋心底的话讲了出来："人向高处走，水向低处流。商丘在安徽上流，自古以来都是商丘的水流向安徽。可是这些年，你们在两省交界处打了一条条大坝，把洪水拦挡在河南。大雨停了，河南的水却还在涨，不但淹没了庄稼，还围困着村庄，庄稼淹死了，房屋泡塌了……"

随行的河南省水利厅厅长和工作人员急忙在李葆华面前展开一张详细的水利设施图，那上面画着一座座大大小小的堤坝，真是大河大坝、小河小坝，就连省界和县界之间也筑着一条条大大小小的坝子。它们像一道绳索将位于河南东部的商丘紧紧捆绑起来，又像一道道长城将河南省同安徽省隔离开来。

纪登奎示意水利厅厅长把图纸收起来："大年下的，别打扰李书记。等春节过后再向李书记汇报吧。"

"不，我现在就要看看！"李葆华展开地图，看得很认真，很仔细。他一道大坝一道大坝地看着，询问着："这大坝在哪里？这被阻断的河流是哪条河？"李葆华书记曾去淮北，去濉溪县，当地干部向他讲，早在1958年"大跃进"的时候，人们强调"一块地对一块天，肥水不流外人田"，在县界和省界筑起一条条坝子。不但安徽人筑，河南人也筑。到后来一发大水，人们尝到了这苦头，纷纷把坝子扒了开来。现在这地图上出现这么多大坝，难道是真的吗？

纪登奎从李葆华脸上读出了疑惑。他说："这大坝可是安徽人这几年筑的，全在接近河南的地方，我们的几条主要河道全被拦挡起来。水流不下去，就往外漫流。沿岸人民怎能不遭灾呢？所以，商丘遭受这次洪涝灾害，一半是天灾，一半是人祸！是人破坏自然规律，打破了水的自然流势，才造成这百年不遇的大灾害。现在，商丘成了全国人民支持的重灾区，社员一只碗里端着十几个省的粮饭。他们感谢共产党，感谢全国人民的支援。可作为一个地区的领导，我不能让商丘人永远躺在政府的怀抱里，像叫花子似的，让全国人民养活！"

作为革命先驱者李大钊的儿子，李葆华从小就受到父母和革命先辈的教育和熏陶，自然有一种全局观念。他不能眼睁睁地看着河南人民遭受大自然的蹂躏，不能为了安徽本省人民的利益而让河南人民饱受苦难！他立马打电话通知有关领导到他家里来。纪登奎劝阻说："还是等春节之后再说吧！"

李葆华坚定地说："不！过节有什么当紧的？商丘人民生活在苦难中，过节也过得不痛快。"

安徽省的有关领导按时赶到李葆华书记家里来。第一个到达的是安徽省水利厅厅长。他看看那张水利地图，又看看河南省水利厅厅长，问："这张图你们是从哪里得来的？"

纪登奎笑了。为了这张图，水利部门的同志没少费工夫啊！谈判桌上是不能靠猜想和杜撰的材料指责对方的。但要摸清这大坝构筑的情况却也是不容易的。这几年，两省边界的人民闹出不少大大小小的水利纠纷，一个筑坝，一个扒坝，多次发生群殴事件。你要是再到安徽去丈量他们构筑的拦水坝，他们不把你痛打一顿才怪哩！怎么弄清这些阻水工程？商丘水利部门的同志没少费心思。他们化装成普通社员，骑个破自行车，绕道别的地方，来到那一条条拦河坝前。他们不能用尺子量，那样就会被识破。他们在车轮上绑撮小鸡毛，作为标识，记住那车轮转了几圈儿。为了求得精确数字，一条大坝要经过几个人反复测量，才能确定具体数据来。这大大小小几十条水坝，商丘水利局的二十多个同志硬是经过一个多月的反复测量，才绘成这张图。难怪安徽省水利厅厅长面对这张地图也瞪大了眼睛。

李葆华追问："这些拦水坝真有这么多？"

安徽省水利厅厅长只得老实回答："是有这些拦水坝。不过，我们也有我们的难处！如果让河南的水全流到我们安徽来，咱淮北也变成现在的商丘，成了全国的重灾区了。"

纪登奎早就预料到这一点，他绝不能一味地站在商丘一边责怪安徽领导者。他说："你们讲得有道理！河南的水流到安徽，也同样会给安徽造成一场大饥荒。我这次来拜年不是来向李书记告安徽水利部门的状。我是来商讨如何团结治水，让两省人民都免除洪涝灾害！"

紧张而又僵持的局面顿时得到缓和。李葆华重又给纪登奎递烟倒茶："好！我想先听听登奎同志有何高见！"

纪登奎早有准备，他说："我有三条意见，请你作参考。第一，把商丘地区的永城县划归安徽管辖。这样，安徽的版图可要扩大1200平方公里啊！"

安徽的一位领导听了直摇头："永城八十多万人口，若是归了我们，岂不背上一个大包袱？"

李葆华问："第二个方案呢？"

纪登奎说："两省矛盾最尖锐的地方是我们的永城县和你们管辖的濉溪县。如果你们不愿意要我们永城县，那就把濉溪县划归我们商丘。同是一个地区，问题就好协调解决了。"

李葆华这时也笑了。他说："濉溪是我们安徽省的重要煤炭基地，淮北煤矿刚建成投产。这块肥肉我们可不能白让给你。"

纪登奎也笑了："这我明白！我要是安徽省委书记，我也不会干这傻事儿。所以，我提出第三个方案，就是横穿濉溪县北部，新开挖一条河道，把上游来的河水，包括商丘的和你们砀山县的，直接排到洪泽湖里去。这样，既为河南找到了出水口，又不会给安徽造成灾害。"

这个建议顿时引起大伙的兴趣。本来已到中午吃饭的时间，大伙仍不愿离开客厅。他们反复审视了安徽的地形地貌和水的流势，一致称赞这是一个两全其美的方案。但是，安徽的水利厅厅长最后发话说："这方案好是好，就是工程投资太大。现在正是困难时期，我们安徽哪有这么大力量呢？"

纪登奎早就预料到这问题，他说："我们可以向中央寻求支持！如果这个方案得到国务院批准，到时候我们商丘地区愿出 10 万民工，在安徽境内开挖50里河段！安徽人民为我们商丘人民作出巨大的牺牲和贡献，我们怎能袖手旁观，坐享其成呢？"

"好，好！还是你们河南人风格高！"李葆华对纪登奎的话表示赞赏，他带头鼓起掌来。

这次不同寻常的"拜年"，让两省领导者沟通了思想，获得了理解，从而达到团结治水的共识。纪登奎返回商丘，曾在一次领导干部会上向大伙讲述了这次拜年的详细情况。他讲得兴致勃勃，眉飞色舞，这是他到商丘半年来第一次表现得如此兴奋和激动。

纪登奎怎么能不兴奋和激动呢？经过两省有关领导进一步协商，双方签署了协议，向党中央、国务院写了《关于豫东地区与安徽省边界水利问题的处理意见》的报告。中央表扬了河南和安徽的做法。8月15日，中共中央和国务院以中发（64）490号文件下达了《冀鲁豫皖苏有关边界水利协商意见的批示》。河南疏通了旧有河道，安徽拆除了阻水工程，河南和安徽协同作战，开挖新汴河。这是在平地开挖的一条新的大型河道，长达一百多公里，任务十分艰巨。1969年秋收后，商丘组成10万治水大军，打着"豫皖人民心连心，团结治水挖穷根"的醒目横幅，自带干粮，自带工具，浩浩荡荡地开赴濉溪县水利工地。经过两个多月的奋战，完成了25公里开挖任务。多年来，危害豫皖两省人民的水患灾害从此被彻底根除！

纪登奎也从此跟李葆华成了好朋友。有一次在郑州给毛泽东汇报工作时，纪登奎抢先称赞李葆华说："还是李书记顾全大局风格高，为豫东人民办了一件功德无量的好事。"毛泽东哈哈大笑说："这事不要中央插手，你们自己就把问题解决了，好啊！"

最终，1964年2月27日，豫、皖两省商讨边界水利问题。双方商定有关边界围堤、横河、拦河坝、抬高的路基等一切阻水工程、阻水拦闸等，应一律废除；边界阻水桥梁一律扩建或重建，不得阻水等 9 条意见。

1964 年 3 月 30 日、4 月 1 日，毛泽东在郑州两次找安徽、河南省委负责人前来汇报，解决黄河下游的排水问题。河南、河北、山东、苏北、皖北等地，由于以前执行以蓄为主的方针，下游各省到处筑坝，改变了河道原来的流向，大雨一来水排不出去，地下水位上升，土地盐碱化。毛泽东决定由谭震林召集河南、河北、山东、苏北、皖北的主要负责人开会，解决这个问题。毛泽东叮嘱：要很好地解决这个问题，不要再互相"打仗"了。①

① 《毛泽东年谱（1949—1976）》第五卷，中央文献出版社 2013 年版，第 334—335 页。

第四章 "一定要根治海河"

1963年8月上旬，河北省中南部连降特大暴雨，造成洪水泛滥。海河流域各河堤防相继漫溢溃决，平地行洪，水深数尺，数百里内一片汪洋。

这样的大水灾令毛泽东无时无刻不牵挂着河北百姓的安危。毛泽东下定决心在治理好海河的同时，从根本上改变河北的水利状况，他说："我现在不做湖南人了，要做河北人，生在湖南，死在河北。"

一、海河水灾频发

海河是整个华北地区最大的水系,是中国的七大河流之一。海河东入渤海,南临黄河,西源自云中山、大岳山,北倚蒙古高原,共有滦河水系、蓟运河水系、海河水系以及鲁北平原的徒骇河、马颊河,它们分别从北部、西部和西南部向渤海湾汇集,横穿整个华北平原,其中海河水系是整个流域最大的河流,而海河水系主要包括了北运河、永定河、大清河、子牙河、南运河五大支流水系。海河流域跨4省(河北、山西、山东、河南)、1区(内蒙古)、2市(北京、天津),流域总面积26.36万平方公里。年径流量为228亿立方米。海河主要在河北省境内,流域面积在河北省境内就达12.57万平方公里,年径流量为106.3亿立方米,其中山区76.6亿立方米,平原区29.7亿立方米。然而,正是这么一条地理位置异常重要的河流,却在历史上多灾多难、水患频发。

(一) 历史上的洪涝灾害

海河水患的发生与其他大江大河一样,与其自身所处的自然地理气候条件密不可分,无论是降水条件、时间,还是河流分布状况和基本的地势,都决定了海河极易发生水患。

虽然海河流域属于温带季风气候,全年降水不均匀,但夏季的降水集中却成为洪水频发的主要因素。整个海河的绝大部分区域属于温带季风气候区。该气候特点是冬春两季基本上受蒙古高压控制,气候干燥,雨雪稀少;夏季高温多雨,降水多集中在七八月,而且多暴雨。夏季降水集中的主要原因是太平洋上气压带风带的季节移动所致。因为随着太阳直射点的北移,位于太平洋上的夏威夷高压势力开始加强,使得影响我国的东南季风势力加强,进一步北移到我国的华北、东北地区，这种东南季风属于来自太平洋的湿热空气，容易产生降水，而且华北地区距离海洋较近，受其影响明显，加之距离西伯利亚冷气团较近，容易产生冷暖气流交汇，带来大量降水。

海河流域的特殊地形加重了洪涝灾害。一是逐渐抬升的地势有利于夏季风形成地形雨，带来强降水。在七八月份时，整个雨带从长江流域已北移到了华北平原，华北平原的西北部是太行山脉，在地势不断抬高的情况下，气流不断爬升产生了地形雨。这些降水恰好发生在海河流域的上游地段，从而加大了洪灾发生的可能性。二是特殊地形特征导致洪水下泄加快而暴涨。北部有东西走向的燕山山脉，西部有东北—西南走向的太行山脉，在地形上构成"厂"字形的天然屏障。夏秋之际，来自太平洋的暖湿气流，受山脉阻挡抬升，在山前地带形成暴雨区。由于山区河流坡度陡、山洪来势凶猛，一旦进入平原地区，河流坡度迅速减缓，洪流渲泄不畅容易造成决溢改徙；三是整个海河水系成扇状分布，造成干流河径流量大，易引发洪涝灾害。每到夏季暴雨时，5条支流则会同时上涨河水，而整个的下游河道容纳不了，尤其是原来的海河只有一个入海口，这样河道很难容纳上游众多河流注入的水量，往往会导致河水上漫。显然，这样的地形极易引发洪涝灾害。

古代黄河对海河的影响也是海河水灾早期频发的一大原因。实际上，在西汉以前的海河并非今天的海河，是没有形成完整水系的海河，它的大部分支流汇经黄河流入大海，然而早期的黄河是从天津注入渤海的，"今海河水系中大清河以南各水均流入黄河，成为黄河的支流，以北永定河等水则分流入海"。这样，以"善淤、善决、善徙"著称的黄河，给身处下游的海河带来了深刻的影响。海河的洪涝灾害除了自然原因外，还有很大的人为因素。其一，历史上海河流域的水利工程欠缺。历史上最严重的1801年水灾，就是疏于水利兴修而造成的。其二，历史上的海河流域长期的开发导致森林植被破坏，造成严重的水土流失，形成了河道阻塞的局面，从而引发了大的洪水发生。

由于特殊的自然地理环境和多种人为的原因，海河流域成为历史上水灾最频繁、最严重的地区之一。据统计，从明代至 1990 年的 600 年间，灾害发生次数及其频率依次为明代 81 次（特大 7 次），频率为 29.3%；清代 170 次（特大 13 次），频率为 63.4%；民国时期 35 次（特大 3 次），频率为 94.6%；1949—1990 年 12 次（特大 1 次），频率为 28.6%[①]。总计 1501—1990 年的 490 年间，受灾范围在 50—100 州县或受灾农田在 5000 万亩以上的较大水灾共发生了 28 次，平均 17 年 1 次。可见，历史上的海河是一个水灾频发的河流，水灾给海河流域带来了深重灾难。

（二）新中国成立后的洪涝灾害

海河流经的华北平原地区，不仅是我国人口极为密集的区域，也是中国的政治、文化和经济中心，这里有我国的政治文化中心北京，京津冀经济文化圈，环渤海经济带的中心天津。显然，海河的安宁，不仅关系到华北地区人民生命财产的保障，还关系到国家的安危。然而，由于历史、自然等原因，新中国成立后的海河延续了过去三年一小汛、五年一大汛泛滥的特性，尤其是 1956 年、1963 年的两次大洪水，给人民群众的生命财产造成了严重损失。

1956 年 7 月底 8 月初，受台风影响，海河流域发生一次大强度暴雨，降雨从 7 月 29 日开始至 8 月 4 日结束。雨区范围涉及太行山、燕山山区，降雨量在 100 毫米以上的范围达 17 万平方公里，200 毫米以上范围 9.1 万平方公里，其中，太行山东侧处于迎风的山区，从南到北降水量达 600 毫米以上的区域多达 5 处，其中平山

---

① 参见河北省水利厅：《河北省水旱灾害》。

县狮子坪 3 天的雨量竟达到了 747 毫米。

由于连降大暴雨，海河流域的洪水开始泛滥。8 月 3 日至 6 日，大清河、子牙河、漳河、卫河等出现最大流量。漳河最大洪峰流量达到了 9200 立方米 / 秒，为 100 年一遇；滹沱河黄壁庄 13100 立方米 / 秒，为 40 年一遇；永定河卢沟桥附近的流量 2450 立方米 / 秒；潮白蓟运河洪峰流量 2350 立方米 / 秒。整个海河水系的支流和干流开始发生漫溢和决口，尤以大清、子牙河最为严重。

新中国成立后最大的一次海河水患当属 1963 年 8 月的河北特大洪水，这是 1949 年以来最为严重的一次。从 8 月 2 日起到 8 月 10 日，河北连降特大暴雨。8 月 3 日暴雨中心在邯郸地区，4 日扩大到邢台地区，6 日又扩大到石家庄地区，7 日在保定地区又出现暴雨中心，8 日邯郸地区再次遭冷空气侵入，重复造成暴雨。这次暴雨的强度之大、范围之广，为此前河北省水文记载上所未有。这次暴雨在海河流域南部共降水 567.8 亿立方米，产生静流量 302 亿立方米，相当于 1939 年的 2 倍多、1956 年的 1.78 倍。尽管上游十大水库充分拦蓄洪水、削减洪峰，西部山区漫过京广铁路的洪峰总量仍达 7.8 万立方米 / 秒以上。由于中游河道狭窄，根本无法承泄，特别是滏阳河流域水势尤为迅猛，洪水一到，四处溃决，平地行洪，宽达百里，冀南、冀中广大地区顿成泽国。

当时作为河北省省会的天津市，仅大清河、子牙河、南运河三河水系就有 302 亿立方米的流量，连同 7 月份三河下泄的洪水，总量达 318 亿立方米，大于 1917 年和 1939 年淹没天津市的洪水一倍以上，相当于引深入津 32 年的总水量，或者说相当于 8 个密云水库满库容的水量。如此大的洪水压向天津，每天流经天津的洪水达 5 亿立方米，而天津的海河与独流减河加在一起的泄洪量最大也只有 2 亿立方米多一点。如果剩余的一半洪水侵入市区，市区的水深将达 15 米，其严重后果可想而知。然而，在中央和全国 20 多个省市自治区的无私支援下，经过河北军民的英勇奋斗，最终取得了"千年洪峰，遵序入海；天津津浦，安然如故"的伟大胜利。

二、"防洪除涝"的初步治理

新中国成立后，在毛泽东和中央政府统一领导下，开始了对海河的系统治理。20 世纪 50 年代首先整修加固了各河堤防，恢复原有河道泄洪能力；开始修建山谷水库和分洪道。从新中国建立之初到 1963 年的大规模治理期间，国家多次提出治理海河的计划，其中就包括了海河上游的很多控制性工程水库。

（一）"就是有再大的困难，我们也要修建官厅水库"

永定河作为海河的重要支流，直接决定了海河的水势走向，要想治理海河，首先要解决的就是永定河的问题，而控制这样的大河基本的经验就是修建一座具有控制性的水库，而水库的修建不仅具有防洪功能，还有重要的饮水功能。

在新中国成立伊始的 1949 年 11 月 8 日至 18 日，水利部就召集了各解放区水利联席会议。在会上，水利部部长傅作义在《各解放区水利联席会议的总结报告》中指出："在治河思想上，长远利益与急切需要必须相结合相适应，治标工程与治本计划必须相结合相适应。因之在全国范围以至每个地区各种工程的权衡缓急、决定取舍上，必须作最谨慎的考虑。"因此，"有的是已经开始的标本兼治的工程，有的是即将完成对灌溉有极大收益的工程，如官厅水库与永定河治本工程"。[①]

[①] 《历次全国水利会议报告文件（1949—1957）》，水利部办公厅 1957 年编印，第 22 页。

新中国成立之初，海河因为历史上长期没有得到有效治理，水患严重。毛泽东非常关心海河的治理，这一离首都最近的水系的水患，时刻牵动他的心。他下决心要搞一个工程，治理海河。经专家考察，得出的结论是：治理海河，最重要的工程是修建官厅水库。海河的水系有自己的特点。这条河并不长，但是却水流湍急。流经平原时，由于很少山峡限制，河水经常泛滥。在海河中汇合的有北运河、永定河、大清河、子牙河、南运河等。这些河共同构成了华北平原的重要水系。在平时，这些河流的水流量并不算大，但一旦下大暴雨时，河水会突然之间猛涨，使海河水流量一下子增加数倍甚至数十倍。这样，海河水就会冲破河床，变成"害河"，直接威胁着华北平原主要产粮区，并对北京、天津构成直接威胁。新中国成立后，毛泽东多次听取专家汇报修建官厅水库的有利之处，以及修建规划，认为这是一项利国利民的工程。但新中国刚刚成立，财政状况还没有根本好转，国家经济较为困难，要政府拿出很多钱来修建这座水库，确实有困难。情况报到毛泽东那里，他和周恩来反复商量，最后拍板：就是有再大的困难，我们也要修建官厅水库。

1951 年 10 月，官厅水库工程正式动工。修建官厅水库时，刚获得翻身解放的广大民工干劲冲天。他们轮班上工地劳动，换班休息，人歇工不停，并且在施工中涌现出许多先进人物。毛泽东非常关心官厅水库工程，每天都要听秘书汇报有关情况。

1954 年 4 月 12 日上午，毛泽东在时任办公厅主任杨尚昆、水利部副部长郝执斋等人的陪同下，亲自视察了正在建设中的官厅水库工地，慰问了包括管理局局长成润等在内的管理人员和技术人员。在视察工地时，毛泽东亲笔题词："庆祝官厅水库工程胜利完成！"

经过 3 年的艰苦奋斗，1954 年 5 月 13 日，官厅水库建成。修建好的官厅水库，可蓄水 22 亿立方米，是继治淮工程和荆江分洪工程后新中国兴建的又一大工程。1955 年 7 月正式蓄水运行。建成后的水库，历经了几次大的洪水考验，发挥了重要的防洪功能。

1956 年官厅水库因大坝下游坡塌坑渗漏浑水，出现险情，同时京包铁路正在施工，为了水库安全度汛，水库水位控制在 476 米。6 月中下旬到 7 月上旬水库上游降雨较大，洪量达 2.11 亿立方米，其中 8 月 6 日为缓解下游河道出现的斜河、横河、大溜顶冲淘刷险工和河滩，援助抢险，关闭闸门 5 个多小时。7 日下游河道西麻各庄决口，水库再次关闭闸门，停止泄洪。8 月 9 日 17 时，最大入库洪峰 1114 立方米 / 秒，由于水库拦蓄作用和下游错峰要求，水库共下泄洪水 3.70 亿立方米，拦洪 4.63 亿立方米。这期间水库泄水主要利用输水洞和电站发电泄水，进行水库调节。

1959 年 7 月底到 8 月初，官厅水库上游出现瞬时流量 2660 立方米 / 秒，8 月 6 日水库水位达 477.05 米。为保证水库安全，主要利用输水洞和电站发电泄水，进行水库调节，共开启闸门 79 次，泄水 1.78 亿立方米，最大泄量为 600 立方米 / 秒。远小于下游山峡河道所能承担的 2500 立方米 / 秒的泄量，同时在官厅山峡洪水也比较大的情况下，为减轻下游河道负担，输水道泄流在时间上作了适当的调整。

1967 年 8 月初水库最大入库洪峰 1500 立方米 / 秒，8 月 27 日水库水位超过 478 米，为考虑上游浸没和淹没及下游防洪问题，利用输水洞和电站发电放水，共放水 1.06 亿立方米。

1974 年 7 月中、下旬官厅水库上游发生了几次较大的降水过程，洋河响水堡站最大洪峰 1240 立方米 / 秒，8 月 1 日水库水位达 476 米，8 月 8 日水位达 477 米，8 月 23 日水库水位达到汛期最高值 477.30 米，相应蓄水量为 7.55 亿立方米，水库在防洪调度上，利用排沙放水 837 万立方米，达到了有效调节水库水位的目的。

（二）从编制《海河流域规划（草案）》到修建十三陵水库

1957 年 11 月《海河流域规划（草案）》编制完成。规划中明确了以"防洪除涝"为主，并结合发展灌溉、供水、航运、发电等方面的综合利用，将修建十三陵水库列入规划项目，并提到北运河上游支流众多，洪水需靠各支流的水库及水土保持工作进行控制，各支流水库中以十三陵水库库容最大，将来可结合北京市都市规划首先修建。同时把水库的技术经济指标初步列出，作为初步规划指标，具体内容：控制流域面积为 230 平方千米，水库任务为防洪、给水，防洪标准为百年一遇，设计洪峰为 306 立方米 / 秒，总库容为 1.16 亿立方米，最大坝高为 36 米，土石方量为 192 万立方米，工程总投资为 1967 万元。

按照原来的计划，十三陵水库是被安排在第三个五年计划中修建的。北京市为提前实现"农业发展纲要四十条"，掀起了水利化运动高潮，1957 年 12 月，市委农村工作部负责人到河北满城参观学习水利化建设经验，参观后提出上马十三陵水库。

事实上当年修建十三陵水库为节省资金，是用义务劳动修成的。毛泽东也参加了修建十三陵水库的义务劳动。

1958 年 5 月 25 日，毛泽东、周恩来、朱德等党和国家领导人乘车来到了十三陵水库工地。当毛泽东主席来到的时候，十万建设大军欢欣鼓舞，整个工地沸腾了。

毛泽东、周恩来等领导人先登上了水库的东墩台，观看水库的全景，视察了工程的面貌，随后走进现场指挥部的简易工棚。工地的同志拿来了笔墨纸砚，请毛泽东、周恩来等中央领导人为水库题词。毛泽东首先写下了"十三陵水库"5 个大字，随后周恩来写下了"鼓足干劲，力争上游，多快好省地建设社会主义"的题词。

紧接着，毛泽东、周恩来等领导人走向了工地，开始紧张劳动起来。

事实上，毛泽东无时无刻不牵挂着十三陵水库工程的进度。6月15日，周恩来率领着国务院和中央机关干部300多人，再次来到十三陵水库进行义务劳动，并视察了整个工程的进展。周恩来回去后于当天夜里就向毛泽东主席作了汇报：

> "主席：今天政府高级干部已经前往十三陵工地开始一周劳动，去的人数三百多，内部长六人，副部长、副主任六十四人，部长助理五十人，司局长级干部一百七十四人；中央直属机关干部也去了二十多人。第二批也将有三百多人，将于六月二十二日前往。"[①]

同时汇报道：

> "我和习仲勋、罗瑞卿两同志今日随同他们前往劳动一天，夜间回来，准备参加明天政治局会议，待政治局会议开过后，拟再去参加几天。"[②]

（三）毛泽东视察密云水库

在整个海河流域上游，尤其是涉及北京东北部的有两条重要的河流，那就是潮河、白河，现在统称为潮白河。这两条河流也是经常洪水不断，对海河治理有着重要影响。这两条河流经常在夏季时洪水泛滥，影响北京、河北和天津三地。比如1958年7月中旬，也就是密云水库动工之前的那个夏天，密云连降暴雨，九松山地区降水量高达280.5毫米，潮河最大流量达3140立方米/秒。洪水

① 曹应旺：《周恩来与治水》，中央文献出版社1991年版，第115页。
② 曹应旺：《周恩来与治水》，中央文献出版社1991年版，第115页。

涌进密云县城，把四个城门都淹了，东门、南门里的积水有 1 米多深。潮河沿岸 20 多个村、2700 多人被洪水围困。

1958 年 6 月 26 日，周恩来视察了怀柔水库工地之后，又驱车赶到了密云县境内的潮河、白河河畔，为规划中的密云水库勘探选择坝址。后来经过两个多月的准备，这座坐落在京郊密云县城北部山区的，距离北京 100 多公里，横跨潮河、白河主河道，国家自行设计的华北地区最大的水库，于 1958 年 9 月 1 日正式开工。几万民工从河北省、北京市各区县，以班、排、连、营、团为建制，聚集到开工典礼大会现场。到 1959 年 8 月，20 万建设者只用了不到一年的时间就修成了拦洪大坝，完成土石方 2528 万立方米，占工程总量的 70% 左右。白河和潮河两座主坝以及其他 5 个副坝，先后达到或超过拦洪高程。密云水库的拦洪成功，不仅免除了下游洪灾，而且大大减轻了涝灾。

在施工修建期间，1959 年 9 月 9 日傍晚，毛泽东乘坐的专列沿着运送沙砾料的铁路，开到密云水库工地第一线。第二天 9 点，毛泽东缓步走下专列，向大家挥手，并用浓重的湖南口音说："同志们好！"在场的人们激动万分。

毛泽东乘车来到水库指挥部，听取指挥部人员向毛泽东介绍了密云水库施工建设和建成后对北京乃至华北地区的作用，"建设这么大的水库，国外需要七八年，而我们自己施工，一年拦洪蓄水，两年就可以全部完工，质量完全有保证。"毛泽东听完频频点头，赞许地说："中国人民就应该有这样一股志气，不信神、不怕鬼，打仗要这样，搞建设也要这样。"

听说毛泽东来到水库工地视察，成千上万的民工、干部、解放军战士涌上大坝，掌声、欢呼声如潮水一般此起彼伏。

10 点多，毛泽东登上指挥部事先准备好的大木船，泛舟水面，两岸群山清晰可见。毛泽东看着山上的长城烽火台说："他们的长城修得再牢固，也不能挽救因腐败而覆灭的命运。我们就聪明多了，不再搬石头修长城，而是修水库、搞建设，造福子孙。我们是为人民服务的，就会立于不败之地。"

在考察期间，毛泽东还特别认真听取了清华大学水利系教授张光斗等专家的汇报，称赞清华大学水利系师生负责密云水库设计，体现了教育与生产劳动相结合，既能理论联系实际，又能向工人农民学习，真正提高了教育质量，提高了教师水平，方向正确，要坚持下去，是高等教育工作的好经验。但在这里不得不提的是，毛泽东听取清华大学水利系师生的汇报实际上是有原因的，这也是毛泽东对密云水库修建极为关心的一个问题。

密云水库建设中遇到了一个基础渗漏的问题，主要与密云水库所处的地理位置有关。白河大坝坝底河床沉积了四五十米厚的砂砾卵石层，如何解决渗水问题。当时可以采取几种方案处理：一是挖掉；二是灌浆；三是做混凝土防渗墙。做混凝土防渗墙的办法，专家们从有关材料上看到有的国家使用过，但当时的苏联和中国都未曾用过。不止于此，在施工过程中还遇到了防渗墙与主坝拦洪工程力量分散的矛盾。

当然，这些修建中的问题，在靠技术摸索的同时，在毛泽东、周恩来等中央领导的亲自过问下，集中地质、冶金等部门同心协力解决。比如，1959 年 9 月 18 日，水利党组专门给毛主席、中央写了《关于密云水库白河坝基处理问题的报告》，要求各部门给予技术和物资支援。19 日，经周恩来总理亲自批示要求各部门协同解决，"请一波同志阅后指定孙志远同志邀集建委、水电部、北京市赵凡、国务院齐燕铭、地质部、冶金部、建工部商办"。[①] 最后，白河大坝难题得以解决，也由此为以后砂卵石坝

---

① 曹应旺：《周恩来与治水》，中央文献出版社 1991 年版，第 124 页。

基处理开辟了一条新的建设途径。

1960年9月，密云水库全部完工并正式投入使用。20万建设者在极其艰苦的条件下，建成了可蓄水43亿立方米、土石方工程量3000多万立方米的大型水库，不仅解决了防洪防涝、发展农田灌溉事业的问题，并且基本解决了困扰北京城区多年的缺水之苦，密云水库成为今天北京重要的饮用水源地。

为了加大海河的治理，从1958年开始还相继在上游修建了岳城水库、岗南水库、黄壁庄水库等。尤其是岗南水库选址就位于平山县西柏坡附近，修建好以后蓄水将会淹没原西柏坡党中央和毛泽东主席的办公地点。在修之前面临着两难的选择，在这种情况下，钱正英以个人名义给毛泽东写信，历陈岗南水库修与不修的得失厉害。

钱正英认为修岗南水库会淹没西柏坡，从整体衡量利多得多，对于海河治理发挥着重要作用；相反，为了保留西柏坡的旧址而不修，可能对海河治理有着较多不利。毛泽东对钱正英的建议非常赞同，认为中央纪念地点越少越好，并将回信转批给邓小平。邓小平又将此信批复给河北省委，并指示：岗南水库照修。显然，这些水利设施的修建为根治海河发挥了根本性的作用。

三、"我现在不做湖南人了，要做河北人"

（一）1963年的海河大水患

1963年8月上旬，河北省中南部连降特大暴雨，造成洪水泛滥。海河流域各河堤防相继漫溢溃决，平地行洪，水深数尺，数百里内一片汪洋。这场洪水使101个县、市的5300余万亩土地被淹，是新中国成立以来最严重的一次自然灾害。

对于这场大水灾，有着较多的回忆和记载。常书侦老人曾这样回忆道：

1963年8月，儿时的我经历了有生以来的第一场大水灾，也就是闻名于世的河北大水灾，现在想起来依然惊心动魄。

我的家乡在冀中平原，村北是一条大沙河，出村东口两华里便是京广铁路。雨是从8月3日开始下的。平日阴天下雨是常事，谁也没有放在心上。雨下了两天两夜后，有人去村外看庄稼，发现地里的水已经饱和，开始往地头的排水沟里流。但天空依然乌云翻滚，尤其是黑压压的云彩很低，像千万匹黑马向南奔腾着，很恐怖，吓得小孩不敢朝天上看。这时，已经有不少人家的房屋开始漏水，屋里的地上，甚至炕头上都摆上了接水的盆盆罐罐。待到第三天，已是沟满壕平，老太太们开始上香祈祷日出天晴。孩子们则把棒槌用绳子吊在屋门的门头上、小树杈上，用手晃动，边晃边唱童谣："棒槌棒槌悠悠，晴天红日头……"就这两句，反反复复地唱个不停，而房檐上流下的雨水声，哗哗啦啦，让人心慌意乱，愁绪纷攘，坐卧不宁。

待到第四日，天依旧阴云密布，没有一丝裂缝，雨时大时小，没完没了。到后晌，雨下成"白汤灌"，如瓢泼一般。这天夜里，大人都不敢入睡，显得焦躁不安。这时候，村干部站在房顶上向全村喊话："社员同志们注意听了，上级通知，西山口的水库告急，决定提闸放水！再不泄洪，水库就有决堤的危险！"全村人的心都提到嗓子眼上来了。要知道，水库在我们村子西南方向30里处山垭口，往西，是半山区，往东，则是一望无际的冀中大平原。在水库憋得水性大发的洪水，一旦冲出牢笼，将会是什么情景。还好，起初泄洪提闸程度并不太大。泄下的洪水，咆哮着进入我们村南八公里远的河道较宽阔的潜龙河。这时，竟有好事的青壮年男子，带着生产用的大铁叉与粗长绳子，前往潜龙河叉鱼。因为他们平日听说水库里的鱼大的有二三十斤重，水库提闸放水，有的鱼会顺洪而下。果不其然，他们回来时，肩上的铁叉把上系着粗绳子，绳子的另一端从大鱼的嘴中穿出系牢，就这么连扛带扯把两条三十来斤重的大鱼弄了回来。我们这个历来干旱的村子，哪见过比小孩子还要大的鱼。人们暂时忘记了忧愁，忙着杀鱼、刮鳞，在街头支起大铁锅，开始清水煮鱼。打渔的人介绍："这鱼从溢洪道冲出来时被撞昏了，就这样，我们用铁叉叉住后，几个人都摁不住。若不然，休想！"吃过鱼，短暂的兴奋之后，愁苦又重新占据了每个人的心头。夜晚，时而传来沉闷的"扑通扑通"的声音——那是土坯房子倒塌的声音。一夜之间，就有十多间房屋在雨中倒塌。此时，再顽皮捣蛋的孩子也老实下来，抱着娘亲的腿不肯离开半步。

到第五天的早晨，人们吃惊地发现，村里的水已经不再往外流。老鼠都爬到了树上。这说明，建筑在高处的村庄已经被洪水包围。霎时间，人们都傻眼了。若不撤离，全村人面临的将是灭顶之灾！这时，生产队长分析认为：西部山区的水汹涌而来，村北大沙河上京广铁路架的五孔大桥哪来得及泄洪？于是，他高声喊道："青壮年们，带上家伙，扒铁路去！"这个想法和行动事关重大，人人都知道，京广铁路是国家的南北大动脉，谁敢?！但在生死关头，真是一呼百应！就在他们刚刚动手扒路基之际，上级派人来了，阻止了这一冒险行为，并组织人们撤离祖祖辈辈居住的村庄。万般无奈，人们扶老携幼，带着包袱和干粮，离开村庄。村子里，只留下二十多名青壮年守护。他们自扎了木筏，预防万一。

我随母亲带着家中仅有的那些米和面，到二十多里远的一位亲戚家躲避水灾。到 8 月 9 日，连续下了七天七夜的雨终于停了。洪水渐渐退去，人们开始返回家园。所幸的是：全村没有伤亡一人，总算躲过了一场大灾大难！此时，大人们便在生产队的组织下开始进行生产自救。

对于这次水灾，1963 年 8 月 7 日，中共中央书记处书记、国务院副总理谭震林写了一个关于全国水旱灾害情况的报告给毛泽东、刘少奇、周恩来、邓小平、彭真。报告说：7 月下旬以来，冀、鲁、豫、苏北、皖北的水灾形势近似 1956 年，抗灾条件好于 1956 年。今年夏收前，全国水旱灾面积有 1.1 亿多亩（733 万公顷）。不久前仍在受旱的近 4000 万亩（266.67 万公顷），这次水灾可能受淹面积估计为 8000 万亩（533 万公顷）左右。全国到这次水害为止，累计受灾面积可能达到 2.3 亿亩（1533 万公顷）左右。1961 年为 9.2 亿亩（6133.34 万公顷），1962 年为 5.7 亿亩（3800 万公顷）。毛泽东接此报告后于 8 月 9 日写批语提出：“这个报告的内容及其同 1956、1960、1961、1962 年的比较数字，应在报上发表。”① 周恩来当日接到这个批语，即当面报告毛泽东，建议灾情比较情况暂缓在报上公布。9 月 3 日，毛泽东在同迪·努·艾地率领的印尼共产党代表团谈话时，还谈到河北的水灾。他说：“我们困难的时间只有两年半，就是一九六〇年、一九六一年和一九六二年上半年，一九六二年下半年情况就好起来了。粮食去年比前年增产一千多万吨。今年情况更好一点。虽然今年华北地区特别是河北和河南有水灾，但是全国可能比去年增产粮食一千万吨左右。”②

---

① 《建国以来毛泽东文稿》第 10 册，中央文献出版社 1996 年版，第 341 页。
② 《毛泽东文集》第八卷，人民出版社 1994 年版，第 338 页。

（二）"河北省的根本问题还是水利问题"

显然，这样的大水灾令毛泽东无时无刻不牵挂着河北百姓的安危。对这次洪水所带来的灾害，毛泽东极为关怀，除乘飞机亲自视察水情外，从河北水灾 1963 年 8 月发生后的 8 个月里，毛泽东分别在 1963 年 10 月、11 月和 1964 年 3 月三次听取汇报，了解灾情，询问救灾和治水工作的安排，提出建议，时时处处关心群众、挂念群众。

第一次听取河北水灾汇报是在 10 月 11 日下午。毛泽东在专列上听取中共河北省委及部分地委的负责人林铁、刘子厚、李悦农、康修民、刘琦、庞均、刘英汇报河北水灾情况。

毛泽东询问河北受灾面积，粮食安排，各专区没有受灾的是哪些县，群众情绪安定下来没有，抗灾当中可歌可泣的事例有没有新闻记者报道，剧团有没有演他们的戏，等等。当了解到有些县城由于有城墙群众没有受更大损失时，他指出：城墙现在不是对付敌人而是对付水，我看还得搞。大村庄也要有个地方待嘛，要把城墙和护村堤地看成是生产资料，没有它，耕牛、犁、耙等都要被冲跑。现在是两个问题：一是大城市，如邯郸、石家庄、邢台，要不要修城墙；一是大村庄修大围子。当林铁谈到正定县群众反对扒城墙时，毛泽东说：我们没知识，不能再扒了，城墙是为了对付水，不是对付敌人。[①]当汇报到防洪措施时，毛泽东说："减河、水库要修，还要修村城、镇城、县城，邯郸市那样的城。""一个中等城市的人把自己的城修起来，比较不那么困难，修水库要从外面调人，修自己的城，一年四季都可以修一点，不那么困难，修城也要有计划，这种生产资料比牛、比土地都重要。"当汇报到设想每户搞两三间

---

① 《毛泽东年谱（1949—1976）》，中央文献出版社 2013 年版，第 268—269 页。

保险砖房，水来了上房时，毛主席说："那就时间长了，盖砖房可以，作个五年计划。"

后来据时任河北省委第二书记、省长刘子厚回忆，毛泽东问得很仔细，包括受灾面积有多大，哪些县受了灾，哪些县没受灾，灾区群众情绪如何，是不是悲观失望，粮食安排得怎么样，烧的怎么办，老百姓生活安定没有，外流的有多少，采取了哪些具体的救灾措施，等等。毛泽东一边问一边嘱咐要做好宣传工作，把群众的情绪稳定住；对抗洪抢险中的英雄模范、好人好事要有多少表扬多少，要给牺牲的人立碑；要把运粮、运煤、运菜、运建房材料等安排好，使灾民的体质不下降；要搞好副业，种好管好小麦。他反复说：今年受灾了，明年夏收还是会好的，前途光明。

毛泽东在和大家谈话时，一年一年地计算着河北的年景说："从1949年到1963年15年来，3年大灾（1954、1956、1963），5年中灾，3年丰收（1952、1957、1958），4年中收。"同时毛泽东强调："农业要上，首先解决水、肥。水就要修水库、打井，洼地排涝；肥主要是养猪，还有一个林。"毛泽东听了这次汇报最后说："河北省的根本问题还是水利问题。"

（三）"我现在不做湖南人了，要做河北人"

第二次听取河北水灾报告是在11月12日上午。毛泽东到达天津后，在专列上听取中共河北省委负责人汇报工作。毛泽东询问灾区群众的身体、口粮、燃料、副业等情况。

谈到防汛措施时，毛泽东说：河、水库要修，还要修村城墙（防洪堤）、镇城墙、县城墙，邯郸市那样的城墙，城墙要普遍地修。城墙是个防卫武器，这种生产资料比牛、比人、比土地都重要，因为堤一溃，粮食被淹了，人、牛都没得吃了。

在汇报到河北的十大水库在防汛中发挥了巨大作用时，毛泽东说：我要从南到北把你们的十大水库都看看。搞水库不要一冲就垮，要坚固。趁水灾发财的人要教育一下，要表扬救人、救畜的人，要给牺牲的人立碑。汇报到群众手里还有些瞒产余粮时，毛泽东说：我历来赞成打埋伏（如百分之十至百分之十五），不赞成挖空。打埋伏是个政策，要让他打埋伏少报。多收少报是好事，少收多报是坏事。汇报到救灾物资的分配，开代表会走群众路线，向群众公布数字、分配办法，防止干部包办、搞新的"四不清"时，毛泽东说：这样好嘛！有这样做的典型材料吗？不光救灾这样搞，别的也应这样搞，我们的政策、办法就是要和群众直接见面。非灾区也这样搞。汇报到过去干部多吃多占，只要诚恳承认错误，坚决改正，群众会原谅时，毛泽东说：人有错是可以改的。

当河北省委书记林铁汇报水利问题时，毛泽东重点谈了河北的水利建设问题。他问"河北第一大河流是哪个？"林铁答："水量大第一是滦河，第二是滹沱河，第三是永定河。"当谈到滦河大型水库潘家口、桃林口两水库时，毛泽东问："作用是什么？是防洪和灌溉？"林铁同志说："潘家口水库能蓄水 40 多亿立方米，不仅能防洪，还可以灌溉与发电。"毛泽东说："40 亿就成了河北省最大水库了。"当林铁汇报到在海河里子牙河为害最大，打算先在子牙河上开一条献县减河时，毛泽东说："献县是哪个专区？搞减河有多大？"省长刘子厚讲约 300 华里。毛泽东说："100 多公里也不算什么大工程嘛！搞了这条减河天津市也受益呀，天津几百万人不负责任吗？"

他对受灾最重的衡水地区地委第一书记赵树光说：你那个地方的水灾情况，我从飞机上、从摄像中、从照片上看到了，只露着几间房顶，可惨哩！衡水是历来遭灾的。为什么叫衡水？衡水就是洪水横流，这是禹王之事，书经有载。毛泽东接着说："省、地、县要有个部署，不要搞急了，一批一批地解决，解决渠道也要一批一批地解决，打井也要一批一批地解决，盐碱化也要一批一批地解决。"

据当事人回忆，当汇报到救灾、治水问题时，毛泽东一面看着河北省水利工程长远规划图，一面指着阎达开语重心长地说："你们都是河北人，你们就是要把河北的灾救出来，要把水切实地治起来。"毛泽东问了林铁、阎达开的年龄以后，深情地说："你们十年能把水治好吧？我七十岁了，不一定看得见了，你们这一辈子把水治好吧！"同时毛泽东仍然强调水利建设对于河北农业发展的重要性，"河北省要得丰收，根本问题是水的问题。"显然，对于毛泽东而言，他下定决心治理好海河的同时，还要从根本上改变河北水利状况，于是在这次谈话的最后，他说："我现在不做湖南人了，要做河北人，生在湖南，死在河北。"

四、"一定要根治海河"

（一）毛泽东为海河抗洪斗争展览题词

1963 年大水后，河北省委大抓抗洪斗争经验总结，抓抗洪先进事迹、好人好事宣传，在天津市搞了一个抗洪斗争展览。同时，积极研究海河治理规划，向中央请示报告。

1963 年 11 月，毛泽东从南方视察回北京，路过天津，同时听取省委汇报。在听到在天津市搞了个抗洪斗争展览时，毛主席就表示："以后要来看看。"他说："展览会在天津，各县看不到呀！"当省委领导提出请他为海河展览题词时，毛泽东答应得很快，说："可以，我马上就题。"两天后，省委书记林铁派在主席身边工作多年、当过主席卫士长、后来分配到天津市工作的李银桥，带着信到北京找毛泽东。毛泽东问清李银桥的来意后说："今天是 14 号，你等两天，我写好了再交给你。"17 号毛泽东写好了"一定要根治海河"题词，由毛泽东身边的卫士张景芳将题词交给了李银桥，同时还有毛泽东写给林铁的信。

事实上，"一定要根治海河"的提出，预示着海河新一轮大规模治理的开始。

（二）根治海河方案的出台

鉴于历史上的海河水患，尤其是 1963 年海河的大水患，全面加强海河治理已经迫在眉睫。就在海河洪水刚刚退却之时，1963 年 9 月 21 日，中共中央、国务院下达了《关于生产救灾工作的决定》，其中在第九项中指出：要把黄河、淮河和海河的全面治理，列入国民经济建设长期计划。黄淮平原是我国小麦和棉花、油料、烟叶等主要经济作物的集中产区，但该地区历来是多灾地区，春旱秋涝，土壤盐碱化，农业生产极不稳定。棉、油、烟等主要经济作物的产量，升降的幅度也很大。粮食，全区算总账（不包括京、津两市），丰年可以勉强自给，灾年就需大量调入。这些地区农业生产的极不稳定的状况，给我国国民经济建设带来了十分不利的影响。1963 年黄淮平原的特大水灾，把这个问题更突出地暴露出来了。中共中央、国务院认为，对于黄河、淮河和海河这三大河系，必须制定一个上中下游全面治理的规划，列入国民经济建设长期计划，在若干年内，分批分期地逐步进行。并且成立一个专门委员会，直属国务院，统一领导这项工作。

1964 年新年伊始，水利部筹组海河院，在水电部和有关省、市领导下，着手进行海河流域治理规划的编制工作。1964 年 9 月，国务院召集黄、淮、海三河规划座谈会，之后提出了《海河流域轮廓规划意见（讨论稿）》。囿于时间和人力，规划工作分两步走：第一步编制防洪规划，作为整个规划的脊梁；第二步编制综合规划。海河流域防洪规划的指导方针是：上蓄、中疏、下排、适当地滞的治理方针，实施节源节流，保持水土，阔河建库，并权衡考虑到下一步统一规划、综合经营的要求。近期以排为主，排滞兼施，洪涝兼治，集中力量在中下游打歼灭战。山区则立即开展水土保持，巩固建成的现有水库，保证丰收，保卫京津，保卫交通干线。

在全面治理海河讨论会之后，1965 年 6 月 26 日，中共中央、国务院下达了《关于"三五"期间根治海河重点工程的指示》，明确要求河北省委并华北局，国务院农办、国家计委、水利电力部、财政部、粮食部党组等相关单位：

> 原则同意河北省委根治海河的意见。"三五"期间，由国家计委与水利电力部统筹研究后提出意见报中央确定。并决定一九六六年先对涝碱严重的河北省黑龙港河打一个歼灭战，以解决这个地区的缺粮问题；同时继续修建岳城、黄壁庄两水库，以确保防洪和防空安全。

> 治理黑龙港河，不仅要做好干、支流的疏浚工程，而且要把田间工程、桥涵建筑和整个工程的管理工作紧紧跟上，使整个工程配套成龙，并且要求在明年初步收效。

> 上述工程的次年投资，黑龙港河为一亿元，岳城、黄壁庄两水库一千万元，共一亿一千万元。为使黑龙港河能在今年国庆节后开工，明年汛前完工，现在先预拨一千万元做准备，今冬再拨五千万元施工。建筑材料，由河北省另报国家计委安排。黑龙港河设计由河北省负责，水电部海河设计院协助，报水电部审批。

为做好根治海河的工作，《指示》还要求河北省委动员广大群众，进一步贯彻自力更生、勤俭建国的精神，打好黑龙港河的歼灭战，并为下一步治理子牙河干流创造条件。为了加强对工程的领导，同意由河北省成立根治海河指挥部，水电部派员参加。同意黄壁庄水库由河北省负责施工，岳城水库仍由水电部负责施工。全面治理海河的序幕由此拉开。

根据各方面要求，1966 年 11 月，海河院正式提出《海河流域防洪规划（草案）》。其中有关漳卫南运河防洪的主要内容有：

（一）漳河。岳城水库工程按设计要求继续建设，保坝标准可超过 1000 年一遇。漳河下游按 1500 立方米 / 秒整治，超标准洪水利用大名泛区临时滞洪，并承接安阳河一部分洪水。远景修建槐疙瘩水库，在 100 年一遇洪水时，可分担岳城水库一部分防洪库容，使下游卫运河泄量不超过每秒 4000 立方米，以保证河道的安全。

（二）卫河。结合下游卫运河、四女寺减河的安排，规划中主要研究考虑不同的滞排关系，使卫河洪水经卫运河下泄，由四女寺减河入海。卫河主要坡洼滞洪工程按盘石头水库修建前 50 年一遇洪水安排。合河坡、良相坡维持自然滞洪现状，超 50 年一遇洪水。淇门流量 2000 立方米 / 秒时，首先利用白寺坡滞洪；超 20 年一遇洪水，依次利用长虹渠及柳围坡滞洪。三洼均按 50 年一遇洪水设计，100 年一遇洪水校核确定工程规模。小滩坡、任固坡及内黄二道防线作为超标准洪水缓洪余地。为保证洼内及时种麦，滞洪区内安排排水渠疏浚工程，并修筑安全台或围村埝。河道干流分段进行治理，合河以上 1000 平方公里涝水可经共渠下排，合河至淇门约 800 平方公里涝水由东、西孟姜女河排入卫河。该段共渠与卫河洪涝分排，共渠及两侧洼地用以排洪，卫河专供排涝。淇门至老观嘴段平原面积约 800 平方公里，两岸为滞洪地区，需适当疏浚卫河及共渠，以满足洼地保麦要求。该段行洪流量按 2000 立方米 / 秒安排，其中卫河行洪 400 立方米 / 秒，共渠及其以西夹道地带行洪 1600 立方米 / 秒。老观嘴以下两岸 3000 平方公里涝水排入卫河。老观嘴至安阳河口行洪流量为 2000 立方米 / 秒。安阳河口至称勾湾为 2500 立方米 / 秒，设计水面线基本采用 1963 年实际水面线。盘石头水库修建后，卫河及卫运河防洪标准可提高到 100 年一遇，并可减轻坡洼滞洪任务。

（三）卫运河。漳、卫两河按 50 年一遇标准，其下泄量为 4000 立方米 / 秒，100 年一遇标准约 5500 立方米 / 秒，卫运河拟按 4000 立方米 / 秒治理，在漳河槐疙瘩水库修建前遇 100 年一遇洪水可利用大名泛区滞洪后，卫运河下泄量为 4355 立方米 / 秒，须强迫行洪；槐疙瘩水库建成后，可减少岳城水库下泄量，使卫运河泄量不超过 4000 立方米 / 秒。卫运河扩大治理采用 1963 年洪水退堤方案，吊马桥以上退右堤，吊马桥至临清段退左堤，临清至郑口段根据河道地形，避开油坊、武城、郑口等城镇，或退左堤或退右堤。为工程安全计，郑口以下右岸恩县洼滞洪区退左堤。

（四）漳卫新河。卫运河扩大治理后，四女寺减河拟按 3500 立方米每秒扩大，并改称漳卫新河。吴桥县大王铺村以上加大泄量至 1700 立方米 / 秒，另于左岸按 1800 立方米 / 秒辟岔河下泄。岔河自四女寺进洪闸起沿陈公堤于德州市东南利用金钩盘河至大王铺入四女寺减河。大王铺以下结合两岸排涝将减河主槽下挖 2 米左右，使低槽流量由 250 立方米 / 秒增至 800 立方米 / 秒，行洪能力达 3500 立方米 / 秒。在原四女寺进洪闸及节制闸间增建 2300 立方米 / 秒分洪闸一座，比岔河设计流量大 500 立方米 / 秒，为超标准强迫行洪留下余地。

（三）一场大规模群众性治水运动

1964—1978 年是以根治海河为中心的水利建设时期。1963 年 11 月，毛泽东主席作出了"一定要根治海河"的伟大战略决策，拉开了海河流域以防洪除涝为中心的大规模水利建设序幕，并提出了"上蓄、中疏、下排、适当地滞"的防洪治理方针。在工程布局上，确定了修筑堤防、开辟减河，使各水系自成系统、分流入海的格局，避免了各河洪水汇集天津的不利形势。在防洪标准上，明确了海河南系防 1963 年型洪水、北系防 1939 年型洪水，滦河防 1962 年型洪水，徒骇河、马颊河防 1961 年洪水的治理标准。

这一阶段，初步建立了海河流域的防洪除涝体系。据不完全统计，自 1966 年开始，通过 500 多万人次的共同努力，共开挖疏浚骨干河道 31 条，总长 2800 多公里，修筑堤防 2700 多公里，建成大中型闸涵 90 余座，扬水站 25 座，小型建筑物 1500 余座；修建各种桥梁 800 余座，总长约 17000 米。总计完成土石方量 11 亿立方米。工程主要包括：开挖、扩挖、疏浚子牙新河、滏阳新河、独流减河、永定新河、潮白新河、漳卫新河、卫运河、卫河等骨干行洪河道和枢纽建筑物。此外，还完成了通惠河、黑龙港流域、青静黄、南排河、徒骇河及马颊河等除涝排水工程。在此期间，还续建了官厅、岗南、黄壁庄、王快、于桥等水库，同时对其他大型水库进行扫尾工作，建成了云州水库，并动工兴建朱庄、潘家口、大黑汀 3 座大型水库。工程建成后，海河水系设计入海泄洪能力达 24680 立方米／秒，相当于治理前的 5 倍和解放初的 10 倍。

1963 年大水后，重新调整了各河的防治措施，除继续修建山谷水库外，侧重于中、下游河道的治理，开挖了 4 条新的大型入海洪道，并将原有几条排洪河道进行了扩挖，基本上改变了海河子水系的 5 大河系集中从天津入海的被动局面。

1965 年后，流域内少雨偏旱，而工农业用水又急剧增加，水资源短缺矛盾日益突出。在吸取和克服 20 世纪 50 年代后期引黄灌溉出现次生盐碱化的教训后，又恢复和扩大了黄灌区；兴建了引滦

入津、入唐的跨流域调水工程。1965 年，北方地区大旱，为缓解北京市水资源供需矛盾，在京密引水渠一期工程的基础上，兴建京密引水二期工程，干渠长 110 公里，输水能力每秒 40 立方米，从此，北京城区有了永定河引水渠和京密引水渠两条输水动脉，成为北京繁荣发展的重要基础设施。

第五章 "水利是农业的命脉"

"水利是农业的命脉。"《中共中央关于水利工作的指示》确立了水利建设的"三主"方针：小型为主，以蓄为主，社办为主。在"三主"治水方针指导下，全国各地掀起了群众性的农田水利建设高潮。

毛泽东不仅重视水土保持工作，还开始推广一些地方治理的经验。比如他曾将山西的大泉山治理作为典型。大泉山之所以引起毛泽东的关注，显然是因为其治理绿化的过程大大吸引了毛泽东……

一、"兴修有效的水利"

新中国成立后，毛泽东在进行大江大河水患治理的同时，其注意力也逐渐转向了农田水利建设。这主要是因为毛泽东本人一贯重视改善农民生活，重视农业生产，早在革命战争年代，毛泽东就曾主持过农田水利建设，大力发展根据地的粮食生产，为革命战争的胜利奠定了物质基础。

（一）"水利是农业的命脉"

对于农业水利的重视，毛泽东在大革命时期的《湖南农民运动考察报告》中就有论述，在这篇文章中，他把修塘坝列为农民的十四件大事中的一件，"塘坝也是一样。无情的地主总是要从佃农身上取得东西，却不肯花几个大钱修理塘坝，让塘干旱，饿死佃农，他们却只知收租。有了农会，可以不客气地发命令强迫地主修塘坝了。地主不修时，农会却很和气地对地主说道：'好！你们不修，你们出谷吧，斗谷一工！'地主为斗谷一工划不来，赶快自己修。因此，许多不好的塘坝变成了好塘坝"。[①] 可见毛泽东对农田水利建设的重视。

在井冈山革命根据地建立后，毛泽东就开始根据实际情况兴修水利工程。1929 年年初，毛泽东率领部队从井冈山革命根据地到达了赣南、闽西地区，并在此建立了中央革命根据地。4 月，毛泽东制定了《兴国土地法》，规定："没收公共土地及地主阶级土地"分配给无地少地的农民，并号召："群众打土豪、分田地、建立红色政权。"[②]

---

① 《毛泽东选集》第一卷，人民出版社 1991 年版，第 41 页。

② 林一山、杨马林：《中国出了个毛泽东——功盖大禹》，中央党校出版社 1993 年版，第 29 页。

而此时整个赣南地区出现了严重的干旱，在一次帮助当地百姓抗旱的过程中，他发现河堤没有筑坝，于是，找来乡苏维埃主席，"指示他一定要动员群众把河堤修好，堤坝高要达到4尺、底宽7尺、顶宽3尺"。①

为了"团结千百万群众于苏维埃的周围，争取一切苏维埃工作适合于粉碎敌人'围剿'的要求"，搞好兴国地区的水利建设，1930年9月，毛泽东在深入农村进行调查，写成《兴国调查》时，就指出："只据兴国一县的报告，就修好陂圳八百二十座，水塘一百八十四口，水车、筒车七十一乘，计费人工八万七千四百八十九天，能灌溉四十二万五千九百五十一担田。并新开陂圳四十九条，水塘四十九口，费人工四万零六百四十二天，能灌溉田九万四千六百七十六担。在瑞金修好陂圳二千三百十四座，筒车、水车五百，并新开了陂圳二十六条，新造了筒车、水车三十乘。"②1933年11月，毛泽东又到了兴国县长冈乡调查，写下了《长冈乡调查》。

1931年夏天，毛泽东为了给所住的瑞金县叶坪乡进行长远的水利规划，带领区乡工农民主政府干部，沿着锦江考察，规划修建水陂、水圳，并鼓励农民在现有的条件下使用筒车进行灌溉、抗旱。

1933年8月，毛泽东在江西南部17个县经济建设工作会议上作了《必须注意经济工作》的报告，不仅强调了经济建设的重要性，"只有开展经济战线方面的工作，发展红色区域的经济，才能使革命战争得到相当的物质基础，才能顺利地开展我们军事上的进攻，给敌人的'围剿'以有力的打击；才能使我们有力量去扩大红军，把我们的战线开展到几千里路的地方去，使我们的红军毫无顾虑地

---

① 林一山、杨马林：《中国出了个毛泽东——功盖大禹》，中央党校出版社1993年版，第29页。

② 王观澜：《春耕运动总结与夏耕运动的任务》，《红色中华》1934年5月28日。

在将来顺利的条件下去打南昌，打九江，使我们的红军减少自己找给养的这一部分工作，专心一意去打敌人；也才能使我们的广大群众都得到生活上的相当的满足，而更加高兴地去当红军，去做各项革命工作"，还提出了农业发展的要求，"要大家懂得经济建设在革命战争中的重要性，努力推销经济建设公债，发展合作社运动，普遍建设谷仓，建设备荒仓"。①1934 年 1 月，毛泽东在瑞金召开的第二次全国工农代表大会上作了《我们的经济政策》的报告，在报告中再次指出了农业发展的重要性，"在目前的条件之下，农业生产是我们经济建设工作的第一位，它不但需要解决最重要的粮食问题，而且需要解决衣服、砂糖、纸张等项日常用品的原料即棉、麻、蔗、竹等的供给问题"，还指出，"关于农业生产的必要条件方面的困难问题，如劳动力问题，耕牛问题，肥料问题，种子问题，水利问题等，我们必须用力领导农民求得解决"，因为"水利是农业的命脉，我们也应予以极大的注意"。②

1934 年 3 月 15 日，中央土地部发布中字第一号训令——《为发展水利》，明确指出："水是一切农产物的命脉，适当地调剂水量，对于今年粮食再增加二成收成战斗任务的完成，有着决定的意义。"③据统计，到 1934 年 4 月，会昌县已经修复陂圳 1030 座，新开 5 座。在西江、于都二县，开通新陂 30 余座。④

（二）"兴修有效的水利"

到了抗日战争时期，陕甘宁边区成为中国共产党领导中国革命

---

① 《毛泽东选集》第一卷，人民出版社 1991 年版，第 132 页。

② 参见《毛泽东选集》第一卷，人民出版社 1991 年版。

③ 刘良等编著：《中华苏维埃共和国水利发展简史》，2002 年内部印刷，第 138 页。

④ 春生：《会昌县修陂一零三零座》，《红色中华》1934 年 4 月 19 日。

的大本营。陕甘宁边区位于黄土高原西北部，深居内陆，受夏季风的影响较小，正常年份干旱少雨，尤其是农作物生长的春末夏初季节，常常遭受旱灾；而在农作物成熟的夏季和秋季，又常遇到暴雨，对农业生产危害极大。但是在这种极端恶劣的气候条件下，水利建设又非常落后，导致了当地老百姓往往是被动地"靠天吃饭"，这就严重制约了边区农业生产的发展。

毛泽东率领红军到达陕甘宁边区后，非常注重水利建设，一再强调水利建设的重要性。陕甘宁边区制定了一系列开展水利建设的政策。

1938年1月，边区政府建设厅的工作大纲就要求，发动和组织群众联合修水渠、修水地，发展水利事业，实现边区农业发展。1939年4月，边区政府颁布的《抗战时期陕甘宁边区施政纲领》中提出了"兴修水利，增加农业生产"的政策。

1938年9月，在边区政府发出的训令中指出，要利用秋收前后的农闲时节发动和组织群众集体兴修水利，特别是在安塞、保安、延安、华池等地，政府应当集中目标有计划地进行。[①]1939年陕甘宁边区政府组建了靖边县水利局，该局带领杨桥畔民众修筑水渠，将河水引入沙滩后，积淤成田地，到1942年时形成水田一万多亩，成为重要的产粮区。1941年，边区政府在制定经济计划时又进一步提出"广泛发展水利；以达到粮食确保自给"的要求。1942年年底，在边区高级干部会议上，毛泽东在《经济问题与财政问题》的报告中，提出提高农业生产技术的8项措施，把"兴修有效的水利"作为提高农业生产、实现粮食增产的首要措施。在报告中，毛泽东在详细介绍了靖边县的引水造田情况的同时，指出

---

① 陕西档案馆：《抗日战争时期陕甘宁边区财政经济史料摘编（农业）》，陕西人民出版社1981年版，第195页。

了兴修水利的重要性。根据毛泽东倡导的引水造田思想，1943年，中央财经会议上明确提出"修水漫地，修埝地，挖水窖，筑水坝，拍畔溜崖"等一系列水利建设的具体要求。

在边区各级政府的帮助和支持下，边区各地兴修的各种水利工程迅速开展起来。在众多的水利灌溉工程中，较大规模的水利灌溉工程有靖边的杨桥畔渠、子长的子长渠、绥德的随惠渠、延安的裴庄渠、安塞的新乐渠等。如由边区政府建设厅投资修建的延安桃庄渠，1939年8月完成修建计划的58%，灌溉农田面积即达1500余亩。仅在1939年，边区的延安、安塞、甘泉、志丹、安定、延川、延长、固临、靖边9县，共修建水浇地5493亩。①

"修水漫地"是三边分区特有的一种改造自然的方法，既是改良农作物和增加粮食产量的农业技术，也是一种水土保持类型的水利建设。水漫地主要是利用山沟地形打坝筑堤，由山洪冲击下来的泥土淤漫、沉淀而成，水漫地泥质既厚，又肥多水足，极宜于农作物生长，收成比旱地多达一倍以上，是增加粮食产量的一种有效的水利建设。修水漫地是1942年三边分区在大生产运动中发明的一项水利建设技术。当年三边分区修筑水漫地1000余亩，农作物产量增产一倍以上，修筑水漫地很快在全边区推广了起来。1943年三边分区增修筑水漫地4万多亩，其中种植农作物3万亩，都达到了粮食显著增长的效果。

"修埝地"是关中分区在兴修水利中首先倡导和实施的一种改良土壤、增产粮食的水土保持措施。修埝地是通过组织人力打坝筑坝，使耕地中的泥土与肥料不被山洪冲跑，让山洪冲击下来的泥土沉淀在原来耕地的较低处，这样便变成了一块很肥沃的小型平地，

---

① 王晋林：《论边区政府兴修水利的政策与实施——抗战时期陕甘宁边区的农业建设》，《传承》2013年第13期。

这叫做堎地。堎地种植农作物的收成较原来耕地的收成增加一倍以上。修筑堎地同修筑水漫地一样，都是由农民群众在农业生产建设的实践中创造发明的一种兴修水利的技术，并在全边区各地得到了迅速推广运用。如在绥德分区，特别是在吴堡县兴起的"打坝堰"，实际上也就是小规模的修筑堎地。"打坝堰"技术在陇东分区、延属分区也很快地被农民群众接受，得到了迅速推广。1941年年底，关中分区赤水县修成堎地4000多亩，1942年又修成堎地3200多亩。兴修水利保持了水土，增强了地力，扩大了水地面积，增加粮食产量。

边区政府兴修水利政策的制定和实施，使边区水利灌溉的耕地面积迅速增加，促进了农业生产的发展。随着边区兴修水利事业的发展，水浇地增加，农田灌溉面积逐年地不断扩大。1937年边区政府成立时，全边区水浇地仅有801亩，1939年增加到7293亩，1941年增加到25615亩，1943年增加到41109亩。随着灌溉农田面积的增加，农作物产量随之得到提高。①

边区政府兴修水利政策的制定和实施促进了边区粮食的增产。由于边区政府提倡和发展兴修水利的事业，使边区农田灌溉面积迅速增多，水浇地面积的增多，增强了抵御自然灾害的能力，有效地达到了粮食增产的目的。如在1943年，延安裴庄渠灌溉农田1072亩，当年就增收粮食321多石；三边分区修筑的水漫地3万余亩，当年增收细粮4500余石；关中分区赤水县修建堎地7260余亩，当年增收细粮1089石。据统计，在边区开展的大生产运动中，边区粮食产量增加的总量中，可灌溉耕地面积增加的粮食产量占到了一定的比例。

---

① 王晋林：《论边区政府兴修水利的政策与实施——抗战时期陕甘宁边区的农业建设》，《传承》2013年第13期。

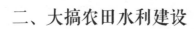

二、大搞农田水利建设

新中国成立后，毛泽东十分重视农田水利建设，从 1957 年冬天开始的农田水利建设，在新中国农田水利建设史上具有重要意义，虽然有着追求速度的"跃进"，但更多的水利建设给后人留下了宝贵的财富，回看这段历史，不难看出正是多重的因素交织在一起，推动了这场大规模水利建设运动的到来。

（一）毛泽东提出搞农田水利建设

水在农业生产中起着十分重要的作用，是粮食丰收的关键因素之一。新中国成立之前，中国农民都是靠天吃饭。显然，仅仅靠天吃饭是无法保障的。新中国成立后，如何改变这种局面已经成为摆在毛泽东和党中央面前的一个重要问题。农田水利是国民经济发展的重要保障，在农民心中的地位是无可替代的。在农业合作化高潮来临时，毛泽东就曾指出："兴修水利是保证农业增产的大事，小型水利是各县各区各乡和各个合作社都可以办到的，十分需要定出一个在若干年内，分期实行，除了遇到不可抵抗的特大的水旱灾荒以外，保证遇旱有水，遇涝排水的规划。这是完全可以做得到的。在合作化的基础之上，群众有很大的力量。几千年不能解决的普通的水灾、旱灾问题，可能在几年之内获得解决"。[①]

更为重要的是，社会主义改造的完成，为开展大规模的农田水利建设创造了条件。这还要从中国长期的农业生产状况说起，众所周知，中国传统农业劳作方式就是自给自足的自然经济状态，而这种生产方式是由中国农业落后的生产力实际水平决定的，也直接导

---

① 《建国以来重要文献选编》第 7 册，中央文献出版社 1993 年版，第 209 页。

致了中国农业、农民长期以来备受自然灾害的困扰而缺乏有效应对。从根本上讲，在生产力薄弱的情况下，一家一户的自然经济生产模式很难有效应对各种灾害天气，但这种状况随着农业合作化的完成而开始发生变化。因为经过农业合作化之后，农业生产成为集体经济，也就是说农民可以组成生产集体，特别在生产力相对低下的情况下可以充分发扬人多力量大的优势搞好农业建设，事实上，这也是毛泽东同志在《中国农村的社会主义高潮》"按语"中所提到的，"河北省遵化县的第十区，十一个乡，四千三百四十三户，从一九五二年到一九五四年，共计三年时间内，已经在半社会主义性质的阶段内基本上完成了合作化，入社农户占全区农户的百分之八十五。这个区的农林牧等项生产的产量，一九五四年同一九五二年比较，粮食增加了百分之七十六，林木增加了百分之五十六点四，果树增加了百分之六十二点八七，羊增加了百分之四百六十三点一。"很明显，农业发展得益于农业合作化，体现了集体力量的强大，农田水利建设也是如此，农业合作化为农田水利建设提供了契机。

毛泽东之所以提出大搞农田水利，还有一个根本性的问题就是按照国家五年发展计划，需要推动国民经济全面发展，而农业的发展离不开农田水利建设的进行。正如毛泽东在《中国农村的社会主义高潮》序言中强调的："他们的生产积极性空前高涨。最广大的群众第一次清楚地看见了自己的将来。在三个五年计划完成的时候，即到一九六七年，粮食和许多其他农作物的产量，比较人民共和国成立以前的最高年产量，可能增加百分之一百到百分之二百。"显然，对于中国这样一个旱涝频发的国家，完成农田水利建设也成为农业的大发展的必然步骤。

当然，1957 年冬季的农田水利建设的兴起离不开当时的国内环境，还直接得益于之前的农田水利建设的伟大成就。根据资料显示，从 1953 年到 1956 年我国农田水利灌溉面积方面达到了 21808 万亩，平均计算起来每年增加达 4360 万亩，而事实上，早在 1955 年冬季和 1956 年春季全国掀起了兴修水利的一次高潮，取得了很大的成绩，就新增农田水利灌溉面积 11870 万亩。灌溉耕地面积增长近一亿亩，为之后的农业大丰收提供了必要的水源条件。① 这就为进一步加大农田水利建设提供了必要的条件。

1955 年 12 月，毛泽东在给中共中央起草对上海局、各省委、自治区党委的通知时，第一次明确提出了要"同流域规划相结合，大量地兴修小型水利，保证在 7 年内基本上消灭普通的水灾旱灾"②。1956 年 1 月 23 日，中央政治局会议通过的《1956 年到 1967 年全国农业发展纲要（草案）》提出，要从 1956 年开始，在 7 年至 12 年内基本上消灭普通的水灾和旱灾。同时在粮食增产方面提出，从 1956 年开始，在 12 年内，粮食每亩平均产量在秦岭、白龙江、黄河以北地区，由 1955 年的亩产 150 多斤增加到 400 斤；黄河以南、淮河以北的地区，由 1955 年的 208 斤增加到 500 斤；淮河、秦岭、白龙江以南地区，由 1955 年的 400 斤增加到 800 斤。③25 日，毛泽东主持最高国务会议，对《纲要》进行了讨论。1956 年 1 月，全国水利会议根据《1956 年到 1967 年全国农业发展纲要》，提出了后两年扩大灌溉面积 4.5 亿亩的要求，这也大大激发了农田水利建设大发展的思想。在当时农业物质技术条件落后的条件下，兴修农田水利强化农业基础设施就成为粮食增产和农业发展的关键。

---

① 《中华人民共和国经济档案资料选编（1953—1957）》（农业卷），中国物价出版社 1998 年版，第 683 页。
② 《建国以来重要文献选编》第 7 册，中央文献出版社 1993 年版，第 430 页。
③ 《历次全国水利会议报告文件（1949—1957）》，水利部办公厅 1957 年编印，第 263—264 页。

1957 年 9 月下旬到 10 月上旬，中共八届三中全会在北京召开。10 月 25 日，中共中央公布了《1956 年到 1967 年全国农业发展纲要（修正草案）》，"要求在十二年内，把水田和水浇地的面积，由一九五五年的三亿九千多万亩扩大到九亿亩左右。灌溉设施的抗旱能力，按各地不同情况，分别提高到三十天到五十天"[①]。1957 年年底，全国农村初步掀起了大办农田水利建设的高潮。在这一过程中，一批大中型水利工程开始动工，并针对大的工程开始集中众多的劳动力进行"大兵团作战"。因此，1957 年的冬季各地政府组织群众掀起以兴修农田水利和积肥运动为中心的农业生产高潮。

（二）从 1957 年开始全国开始掀起了水利建设运动的高潮

为了进一步实现农业发展，中共中央和国务院于 1957 年 10 月 24 日发出关于今冬明春继续开展大规模兴修水利和积肥运动的指示。

首先强调了农田水利建设的必要性。指示强调：1957 年我国南方和北方一些省份，遭遇严重的洪水袭击，中部广大地区受到特大旱灾的威胁。由于总路线的鼓舞和各级党委的坚强领导，依靠历年特别是"大跃进"以来兴修的大批水利工程，依靠人民公社的优越性，组织了大规模的协作支援和大兵团作战，使我们在防洪抗旱斗争中取得伟大的胜利。这不仅大大减少了受灾面积和减轻了受灾程度，而且保证了今年农业生产在去年特大丰收的基础上继续跃进。另一方面，我们现有的水利设施虽不算少，但是，在地区上还不平衡，许多工程的抗旱防涝能力还偏低，还有一部分工程质量差或者

---

① 《建国以来重要文献选编》第 10 册，中央文献出版社 1994 年版，第 640 页。

不成系统，不能充分发挥效益。从今年夏季各地抗旱防涝的情况来看，大部分农业地区还不能在特大旱涝灾害的袭击下保证高产稳收。因此，水利仍是目前发展农业生产的根本问题。在今后几个冬春，再搞几次水利建设高潮，力争在较短时间内实现水利化。这是全党全民建设社会主义的一项重大任务。

指示确定了农田水利建设的基本方针。群众性的兴修水利运动要继续贯彻执行以蓄水为主、社办为主、小型为主和大、中、小型工程相结合的方针，全面规划，综合利用。各地都应当有一个比较全面的水利规划，注意多蓄水、多引水，因地制宜地兴建多种多样的蓄水工程，提高抗旱防涝的能力。在小型工程遍地开花的基础上，积极兴修大、中型骨干工程。只有中、小型水利工程，没有大型水利工程，仍然不能对付特大的洪水和旱灾。必须使大、中、小工程结合起来，逐步形成完整的水利系统，并且充分开发水利资源。

（三）"三主"方针的确定

1958年8月29日，中共中央政治局扩大会议通过了《中共中央关于水利工作的指示》，确立了水利建设的"三主"方针，并且向各地提出要求："在贯彻执行'小型为主，以蓄为主，社办为主'的'三主'方针时，应该注意到在以小型工程为基础的前提下，适当地发展中型工程和必要的可能的某些大型工程，并使大、中、小工程相互结合，有计划的逐渐形成为比较完整的水利工程系统。"①

在"三主"治水方针指导下，从1957年秋到1960年春，全国各地掀起了群众性的大修农田水利建设的高潮，各地兴修了大量中小型水利设施，取得了显著成绩。

---

① 《中共中央关于水利工作的指示》，《人民日报》1958年9月11日。

发生在 20 世纪 50 年代的"大跃进"运动，是中国共产党人在探索中国特色社会主义建设道路过程中出现的一次严重失误，但它在客观上也反映了全国人民迫切要求改变我国贫穷落后面貌的愿望。从农业上来说，"大跃进"是以贯彻党中央 1957 年制定的《全国农业发展纲要》为发端的。在《纲要》的鼓舞下，全国农村首先掀起了一个大搞水利建设的高潮。

1958 年人民公社普遍建立起来，使得大型水利工程具备了统一规划、部署的可能；而且进一步增强了劳动力和资源的统一调配和开展大协作的能力，因此使水利建设的规模进一步扩大。这就大大促进了全国的水利化建设。可以说，在新中国的水利建设史上，许多治水的大工程、大建设都是在"大跃进"时期实施建设的。

在"大跃进"中，为了贯彻毛主席"水利是农业的命脉"的号召，主要解决农业用水和抗旱问题，各地兴起了修建水库的热潮。至今遍布全国的水库，其中有半数以上始建于"大跃进"时期。如著名的北京十三陵水库就是在 1958 年修建的，当时毛泽东和其他中央领导人都曾到工地上参加过义务劳动。还有其他一些大型水库，如北京密云水库、浙江新安江大水库、辽宁省汤河水库、河南省鸭河口水库、广东省新丰江水库、海南省松涛水库等，都是在"大跃进"中施工或建成的。这些大型水库都具有蓄水、防洪、灌溉、抗旱、养殖、发电等综合性功能，对当地的环境、生态和经济发展起着重大作用。

治水的规模大、力度强，是"大跃进"时期水利建设的一个典型特征。到了上世纪六七十年代，水利建设作为"农业学大寨运动"的一个重要组成部分，更加广泛、深入地开展起来，治水规模和投入进一步扩大。

三、治山治水，保持水土

正是在毛泽东的号召下，从 20 世纪 50 年代末开始了全面农田水利建设，直到 60 年代，全国的农田水利建设事业获得了前所未有的发展，无论对于农业灌溉，还是水土保持等，都产生了积极影响。

（一）修建了众多水库设施，为灌溉抗旱、人员饮水提供了有力保障

大搞农田水利建设的一个重要原因就是我国气候大部分地区干旱少雨，尤其是北方地区。根据科学的统计，北方各省的平均降雨量本来就小，而各年的变化差别较大。因此，在干旱年份，不仅多天不下雨，而且即使将全年的年降雨量全部储存调节也不够用。例如河北省在 1920 年的年降雨量只有 242 毫米，是该省平均年降雨量的 46%；河南省在同年的年降雨量只有 222 毫米，是该省平均雨量的 25%。在北方各省，不仅有一年雨量不足的情况，而且有连续两三年雨量不足的情况。河北省 1920 年雨量达 242 毫米，1921 年雨量达 259 毫米，两年雨量合计还不及常年的一年雨量。陕西省 1928 年至 1930 年 3 年的平均雨量只是常年雨量的 45%。河南省 1941 年至 1944 年 4 年的平均雨量只是常年雨量的 57.2%。[1]

因此，在新中国成立后的最初 3 年时间里，国家就极为重视农田水利建设的问题。根据傅作义在 1953 年 8 月召开的政务院第

---

[1] 《历次全国水利会议报告文件（1958—1978）》，《当代中国的水利事业》编辑部编印，第 87 页。

186 次政务会议上所作的报告，从 1949 年至 1953 年，全国共兴修小型塘坝涵闸等工程 310 多万处，凿井 73 万多眼，恢复及新建大型灌溉工程214处，排水工程三十余处，添置抽水机23000多马力，对各个渠道的灌溉的管理，共计扩大灌溉面积约 4600 多万亩，并在原有 2.1 亿亩的农田上，改善了灌溉排水设施，对农业生产的恢复和发展，发挥了重要作用。[①]

随着社会主义建设的全面展开，尤其农业合作化运动之后，农田水利建设摆在了重要位置上。以 1956 年的水利建设为例，扩大了灌溉面积 1.5 亿多亩，其中除去 5% 不能用，3000 多万亩工程还要改善外，其余的 1.1 亿多亩。鉴于中国实际自然灾害状况，加强水利设施建设是必需的，即使获得丰收的 1956 年都有着严重的灾害，"去年的水灾不比 1954 年轻，有些地区旱灾也很重。"[②] 因此，在 1957 年全国水利工作会议上，邓子恢副总理提出："今后的方针任务，总的来说是'防止水害，兴修水利'。这是相当长时期的任务。"[③] 具体来说，就是"水利工程的基本任务还是按照全国农业发展纲要 40 条的要求，在今后 11 年内基本上消灭普通的水旱灾害，在特殊年份减轻水旱灾害，扩大灌溉面积，以保证全国农业发展纲要所提出农业增产达到每亩 400、500、800 斤的要求。"[④] 显然，1957 年、1958 年两年的水利建设高潮，在水利建设上做了不少工作，但"不能认为水利工作过了关，目前还没有完全解除水旱灾害

---

① 《历次全国水利会议报告文件（1958—1978）》，《当代中国的水利事业》编辑部编印，第 434 页。

② 《历次全国水利会议报告文件（1958—1978）》，《当代中国的水利事业》编辑部编印，第 335 页。

③ 《历次全国水利会议报告文件（1958—1978）》，《当代中国的水利事业》编辑部编印，第 339 页。

④ 《历次全国水利会议报告文件（1958—1978）》，《当代中国的水利事业》编辑部编印，第 339 页。

的威胁，水利工程的任务还是很艰巨的"。① 之所以在上世纪 50 年代末水利建设面临这些问题，除了天气的原因之外，更多地是近代长期的战乱导致农业基础设施几乎一穷二白的结果。

在这种情况下，1958 年 8 月 29 日，中共中央下达了《关于水利工作的指示》，指出 1957 年在农田水利建设方面取得了众多成绩：扩大灌溉面积 45000 万亩，加上原有灌溉面积共 97000 万亩，占现有耕地的 57%，占世界现有灌溉面积的 1/3 以上。同时制定了 1959 年的水利计划，扩大灌溉面积 49000 万亩，治涝面积 7281 万亩，初步拟定做土石方 961 亿立方米。《指示》在已经取得成绩基础上，还要求贯彻执行"小型为主，以蓄为主，社办为主"的"三主"方针，在以小型工程为基础的前提下，适当发展中型工程和必要的可能的某些大型工程，实现大、中和小工程相结合。②

1962 年冬天，各地的水利建设事业仍然持续不断发展。根据统计，截止到 12 月初，全国共有 700 万人参加了水利建设，完成土石方达 14000 万立方米。总体上讲，1962 年的水利建设呈现了这样几个特点：一是准备比较充分。广东韶关地区为了搞好水利建设，还专门训练了多达 500 多人的农民技术员，为秋后大施工准备好技术力量。二是有的地方因地制宜，重点明确，讲求实效。比如，冀鲁豫抓治碱、打井；东北抓排水除涝；西北抓水土保持、灌区的恢复；南方抓塘、坝、库的整修配套，圩区涵洞的维修；西南地区主抓了冬水田的整修恢复。③

---

① 《历次全国水利会议报告文件（1958—1978）》，《当代中国的水利事业》编辑部编印，第 32 页。

② 《历次全国水利会议报告文件（1958—1978）》，《当代中国的水利事业》编辑部编印，第 20 页。

③ 《历次全国水利会议报告文件（1958—1978）》，《当代中国的水利事业》编辑部编印，第 196 页。

1963 年，在农田水利建设方面，共完成土石方达 15 亿立方米。在年修方面，实际上完成了土石方 25000 多万立方米，超额完成了计划。在电力方面和机械工业的大力支援下，机电排灌新增装机 30 万马力，电力排灌预计新增装机容量 30 万千瓦，农业用电达 20 亿度。事实上这些水利工程的完成，使许多河流防御洪水的能力得到了恢复和提高，水库的安全情况有了较大改善，在 1963 年就新增灌溉面积 2000 万亩左右。

（二）加强水土保持，防止水土流失

1956 年 1 月，毛泽东主持制订《1956 年到 1967 年全国农业发展纲要（草案）》，明确提出了特大水灾旱灾的时间和具体措施："兴修水利，保持水土。"这里之所以强调保持水土，显然与水利建设是密不可分的。因为只兴修水利，不重视水土保持，将会导致水利工程受损失，同时水土流失则会导致农业土地肥力下降，不利于农业发展。事实上，新中国成立之初水土流失较为严重，给水利建设带来了较大问题，1957 年第二次全国水土保持工作会议就曾指出："我国已建成的官厅水库库容 22.7 亿立方米，1953 年建成后至 1956 年已淤积泥沙 920 万立方米。梅山水库库容 10.08 亿立方米，1954—1955 年就淤积泥沙 880 万立方米。"显然，这样的淤积结果，水库几十年即失去效益，其中到 1957 年为止已经建成的 18 座大型水库都有这样的问题。

面对这样的水土流失状况，毛泽东不仅重视水土保持工作，还开始注重推广一些地方治理的典型，以加快全国的水土保持治理。比如他就曾在 1955 年主持编辑的《中国农村的社会主义高潮》一书中将山西的大泉山治理作为典型。大泉山之所以引起毛泽东的关注，显然是因为其治理绿化的过程大大吸引了毛泽东。大泉山位于山西阳高县城南 12 公里处，属于典型的千沟万壑的黄土高原地形地貌。解放前曾流传着这样的顺口溜:"山山和尚头,处处咧嘴沟,旱天渴死牛,雨天水土流,满野黄土坡,十年九不收。"新中国成立后,在山上住的张凤林、高进才 2 人,为保持这里的水土探索出了用打沟头埝、修土谷坊、挖鱼鳞坑的办法,分散山坡上的雨水,用压条植树的办法保持水土。后来两人还搞起了互助组,用这个办法治理大泉山周围的 5 座荒山。1952 年阳高县发现了这里的做法,进一步调查研究,最终总结出了水土保持经验方法为"土蓄水,水养树,树保土",并撰写了《大泉山怎样由荒凉的土山成为绿树成荫、花果满山》。1955 年 9 月,毛泽东亲自主持编辑《中国农村的社会主义高潮》时,收录了山西省委送交的这篇调查报告,并进行了修改,加了按语:

> 有了这样一个典型例子,整个华北、西北以及一切有水土流失问题的地方,都可以照样去解决自己的问题了。并且不要很多的时间,三年、五年、七年,或者更多一点时间,也就够了。问题是要全面规划,要加强领导。①

毛泽东的按语,既是对大泉山人民治山成绩的肯定,也是对全国治山治水、防止水土流失的莫大鼓舞,大泉山成为上世纪 50—70 年代的治理水土流失的一面旗帜。

1955 年 10 月,第一次全国水土保持工作会议指出,到 1955 年时,全国已经完成各种谷坊 180 万余座,大小淤土坝 2230 座,其中仅黄河中游就完成了这样数字:田间工程 961 万余亩,封山育林 7318 万亩,造林 1357 万多亩,种草 490 万余亩,控制了水土流失面积达 71800 多平方千米。②

---

① 《历次全国水利会议报告文件(1958—1978)》,《当代中国的水利事业》编辑部编印,第 332—333 页。

② 《历次全国水利会议报告文件(1958—1978)》,《当代中国的水利事业》编辑部编印,第 739 页。

新中国成立之初，针对以黄土高原为主的水土流失问题，先后三次相继召开了专门的水土保持工作会议，以加强对水土流失的整治。特别强调了对黄土高原的水土治理，1951 年至 1954 年，国家曾组织了三次对黄河大规模的调查，基本上完成了黄河中游水土流失严重地区 37 万平方千米的查勘规划任务。而面对水土流失的实际情况，地处黄河中游的陕西、甘肃和山西三省，分别制定了 15 年的水土保持远景计划。

随着治理形势的发展，到了上世纪 60 年代后期，更多的水土治理工作集中在了黄河流域。1970 年 12 月 5 日至 1971 年 1 月 14 日，尽管此时正值"文革"时期，水利部还是排除种种干扰，专门召集了治黄工作座谈会。会后，以《水利电力部关于治黄工作座谈会的报告》呈报给了毛泽东，报告明确提出，黄河流域人民正在响应毛主席"要把黄河的事情办好"的伟大号召，掀起了一个治山治水的群众运动，决心用"愚公移山，改造中国"的革命精神，尽快改变黄河流域的面貌。

附录　毛泽东关注的新中国治水名人

一、新中国第一任水利部部长傅作义

　　傅作义，字宜生，山西荣河（今山西省临猗县孙吉镇安昌村）人，曾任国民党军高级将领。1949 年 1 月，率部接受和平改编，促成北平和平解放。新中国成立后担任了长达 23 年的水利部部长一职，是新中国水利事业的奠基人。傅作义之所以能够担任水利部部长，这与毛泽东的用人思路有着密不可分的关系。

（一）毛泽东知人善任

1949 年 1 月，中国人民解放军解放了天津，傅作义接受中国共产党提出的和平解放北平的八项条件，率领国民党军官兵接受和平改编，对完整地保留北平这一文化古都作出了重大贡献。

1949 年 2 月 22 日，傅作义乘一架军用飞机从北平的西苑机场起飞，前往石家庄，然后再到西柏坡村去见毛泽东、周恩来。傅作义见到毛泽东后，想到自己过去曾经带兵与共产党的部队交战，心里有些恐慌，连忙说："我有罪！我有罪！"毛泽东亲切地握住他的手，说："和平解放北平，你功劳很大，人民永远不会忘掉你。你是北平的大功臣，应该奖你一枚天坛一样大的奖章。"二人谈话中间，毛泽东突然问傅作义以后愿意做什么工作时，傅作义回答说："我不想在军队里待了，最好让我回到黄河河套一带，去做点水利建设方面的工作。"毛泽东听后，对傅作义说："你到黄河河套做水利，工作面太小，将来你可以当水利部部长，这样更能发挥你的作用。"就这样，由傅作义出任新中国水利部部长的事情便确定了下来。其实，毛泽东考虑让傅作义出任水利部部长的理由主要是，抗日战争时期傅作义曾主政河套地区，大力兴修水利，积累了丰富的治水经验。这段治水经历无疑为新中国成立后出任水利部部长奠定了基础，这也是毛泽东选择他任职水利部部长的重要原因。

傅作义在艰苦的抗战年代就非常注重水利建设，并作出了重大贡献。在傅作义主政绥远时，他率部在河套地段开展大规模屯田运动，并兴修水利。当时，他的部队人数达到了 10 万，既是作战部队也是水利大军。1941 年，他派出第 17 师的全体官兵约 3000 人，帮助地方兴修水利，并直接引用杨家河水浇地，使 3 万多亩耕地得到了灌溉。1943 年春，傅作义决定以军队为主，以民工为辅，不断开挖复兴渠，以此改善五原、晏江两县的引水设施，扩大水浇地面积，提高粮食产量。在修渠施工中，傅作义亲自视察工地，并要求各师师长在工地现场指挥。在当时极为艰苦的条件下，傅作义和广大官兵风餐露宿，不分昼夜地战斗在工地上，完成了挖渠任务。

从1941年到1945年，傅作义的部队所挖的水渠仅宽十几米以上的干渠即达1700多里，宽3米以上的支渠超过1万里，水浇地达1千万亩以上。为了对整个河渠进行充分利用，除了用于农业灌溉以外，还充分利用开展水产养殖。河套地区因此得名"塞上江南""鱼米之乡"。加之，河套地区的土地肥沃，水源充足，管理得当，农牧不断发展，促进了绥西生产的发展，繁荣了经济，也体现了傅作义治军治水并重的指导思想。

毛泽东在新中国成立后在水利方面第一个想到的就是具有治水经验的傅作义将军，而且傅作义将军也没有辜负党和国家、毛泽东主席的期望，在自己的工作岗位上废寝忘食地努力工作，为新中国的水利事业作出了突出贡献。事实上，这与毛泽东的大力支持也有很大关系。

众所周知，傅作义解放前是国民党的高级将领，与共产党在战场上打了多年交道。当傅作义担任水利部部长之后，最初的工作并不顺利，而且很多水利部的人因其原来的身份对其也是另眼看待。有一段时间，傅作义直接就是看完了各种汇报文件后，不再作出批示，而直接让分管工作的副部长作出批示，而且似乎成了惯例。但这种情况最终还是让毛泽东发现了。

1949年10月22日至24日，北京市第一届运动会在先农坛体育场举行。由于这届大会是中华人民共和国建立后国内第一次新型运动会，也是北京市历史上首次有工人和军警参加的全市运动会，毛泽东、傅作义等受邀参加。就在运动会举行过程中，毛泽东和傅作义走出了会场，毛泽东直接向其询问道："我们党内是不是有人怠慢你，水利部文件批文怎么没有了你傅作义部长的名字？你在水利部当部长是不是有职无权?"傅作义则表示,自己是水利问题的"门外汉",恐怕胜任不了部长工作;同时工作忙,常外出,副部长批示也是一样的。不久,毛泽东将这种情况转达给了周恩来总理,周恩来立即对这种不正常的现象作出了专门批示:大小事情,没有傅部长批示,一律无效!要让傅部长列席党组会议,并发表意见。

(二) 积极响应毛泽东的号召

在新中国刚刚成立后百废待兴的情况下,毛泽东力主加强新中国的水利建设。作为新中国首任水利部部长的傅作义积极响应毛泽东主席的号召。

为了响应毛泽东 1952 年 10 月在河南省视察黄河时提出的"要把黄河的事办好"的号召。傅作义多次前往黄河中下游查勘,研究治理措施。1950 年 6 月下旬,傅作义同有关工程人员及苏联专家查勘黄河中游。他们先到开封,对黄河防汛作了了解,随后视察开封至花园口 200 多里河堤,勘查了黄河北岸引黄工程,然后转赴潼关,沿河看了黄河的设想水库坝址,并着重研究了三门峡水库问题。他到陕县时,气温高达 40 度,屋子里家具都烫手,坐着不动也是一身汗,年近花甲的傅作义仍然不愿多休息一会儿,坚持按计划视察。晚上露宿在三门峡附近的沙滩上,整个查勘工作历时 18 天。1957 年 4 月 13 日,傅作义在参加了黄河三门峡水利枢纽开工典礼后,不顾身体不适,又急忙赶到晋南地区考察,因为劳累导致心脏病突发。

淮河处于黄河和长江之间,长期以来,一直宣泄不畅。1950 年 8 月 25 日,水利部根据毛泽东主席根治淮河的指示,召开了治淮会议。经过反复研究和探讨,确定了根治淮河的"蓄泄兼筹,上中下游兼顾"的基本方针。为加紧治淮工程进行,1951 年 3 月 17 日,傅作义亲赴淮河上中下游视察。他们看了上游 3 个水库工程,3 个洼地蓄洪工程，以及洪河、汝河治理工程。然后又视察了中下游的沿河坝防，蒙河洼地，润河集分水闸工程，东淝河、西淝河疏浚工程及涵闸工程，五玉河县的河道工程，洪泽湖的进出口，里运河堤防的培修和涵闸工程。还沿途慰问了广大民工和各地治淮干部，并举行座谈会，听取治淮工程意见。结束对淮河视察后，傅作义又转往上海、浙江视察海塘工程，整个外出历时49天。

长江流经湖北枝城至湖南岳阳城陵矶这一段，被称为荆江，全长182公里，这里经常洪水泛滥成灾。为了两岸人民的利益和武汉市及京广铁路防洪安全，中央政府决定修筑荆江分洪工程。傅作义对中央的决定一贯是努力执行，雷厉风行。1952年5月，他代表毛主席到分洪工地慰问，在前往太平口进洪闸慰问时，碰上倾盆大雨，道路泥泞难行。傅作义仍冒雨前往。整个荆江分洪工程工地30万军民在短短两个月时间，抢在雨季洪水到来之前全部完成任务。

官厅水库是根治海河第一个工程，也是新中国成立后兴建的第一座大型水库，是按照"防止水患，兴修水利，以达到大量发展生产的目的"基本方针所确定下来的综合性水库工程项目，傅作义亲自参与规划的制定并付诸实施。

（三）商讨淮河治理

新中国成立的这年夏天，淮河爆发了全流域洪灾，千百万群众受灾，而此时的新中国正处于经济工作全面恢复时期，而周边正面临着以美国为首的西方国家的侵略包围。朝鲜战争面临着一触即发的局面，但毛泽东本着对人民负责的精神，毅然作出了根治淮河的决定。

为了使淮河两岸的人民免于再次遭受洪水的危害，毛泽东几次作出了重要批示，"期以一年完成导淮，免去明年水患"、"治淮开工期，不宜久延"、"导淮必苏、皖、豫三省同时动手"等。为了进一步加快制定商讨治淮的方案，1950年深秋的一天，毛泽东邀请邵力子和傅作义到他在中南海颐年堂的住处，征询治淮意见。二人准时到达，当傅作义下车后扶邵力子下车时，毛泽东已经出来迎接他们了，毛泽东神采奕奕地迎上来，同他们握手，并说道："欢迎，欢迎，先生和将军都很准时啊！"邵力子说："主席是珍惜时间的人。"傅作义说："军人第一是以服从命令为天职，第二是以时间的准确为生命。"毛泽东笑眯眯地说："那让我们就只争朝夕地进屋吧。"

说着，三人来到客厅门口。主人示意客人先进，客人谦让着，毛泽东朗朗一笑，说："客不进，只有主先行了。"边说边领先走进。主客入座后，邵力子发现书桌上文房四宝还没收拾，写好的字幅上墨迹也没干透，于是就问道："主席正在写字？""是啊！"毛泽东神秘地笑了一下说。

毛泽东看看邵力子，邵力子望了望毛泽东的表情，一下子还没有反应过来，毛泽东接着说："我刚才做了个谜，想请你这位清朝举人给解一下。"毛泽东说着站起来，拿起宣纸递给他。只见上边有两个苍劲有力的大字"治淮"。毛泽东对邵力子说："邵先生，我这可是个续字谜啊！"说完拿起一支烟，用火柴慢慢点燃，又悠然地吸了一口。见邵力子一副既认真又纳闷的样子，便朗声大笑起来："邵先生，我这续字谜只有两个字。"说着用手指着放满文房四宝的书桌。邵力子顿悟，也笑了起来，说道："方案！""对啊！"毛泽东笑着说："今天我请二位来，就是为治理淮河的方案，听听你们的意见。"毛泽东又风趣地对邵力子说："先生当年做过西京王。记得我们红军一到陕北就听到老百姓美传先生是大禹治水。先生重视黄河水利，先后修建了泾惠和洛惠两大渠，还有龙门闸、风陵渡的工程，很浩大嘛！陕西的老百姓至今仍在流传先生当年治水的故事。"邵力子答道："主席太过奖了。当时是国民党执政时期，我那时任国民党政府陕西省主席，怎能与今天共产党和主席领导下的新中国相提并论。无足挂齿矣！"毛泽东又说："先生在那时的作为，今天看来也确实是难能可贵啊！今天请先生来，一是想听听先生的意见，二是如先生能离京去实地考察，那是最好不过。这就是我那续字谜的谜底。"邵力子连连点头，应承下来。毛泽东又转过脸对傅作义说："将军是新中国第一任水利部部长。虽将军带兵打仗几十年，但将军博学水利工程，对我国的水利情况是了解的，请将军拟定一个全面的兴修水利方案。要想改变我国的贫困面貌，看来首先要大兴水利建设。能把几千年来的水患化害为利，那可是造福于民啊！""对，对！"傅作义也连连点头答应。

1950年冬至1951年春，根治水患的基础工程——淮河防洪大堤以及大量的支流除涝工程动工了。毛泽东应傅作义的请求，欣然为治淮工程题词："一定要把淮河修好。"

（四）跑遍全国搞水利

傅作义担任水利部部长后就深刻认识到我国水利建设的艰巨任务，时刻告诫自己要不辜负中国共产党、中央人民政府和人民的信任，不能靠坐在办公室里搞水利，要多深入实地调研，虚心向群众学习，努力做好本职工作。

水利部前部长、全国政协副主席钱正英曾说："傅先生拥护中国共产党，热爱社会主义，本着对水利工作的一片赤诚之心，每年奔波在路上的时间占了全年时间的四分之一，做了大量工作调研黄河、长江、淮河的实际情况，确保了大江大河不决口。"傅作义外出调研不喜欢带领很多随从，从不接受特殊照顾，调研工作也不仅仅只针对水利工地，他还经常来到广大农村，在完成工程视察的同时十分注重了解工人的住宿和伙食情况，有时来到农户，了解农民群众的生活情况和对水利工程的看法。

1951 年，东北地区发生特大洪灾，傅作义以"中央东北灾区慰问团团长"的身份，带领慰问团亲赴辽河流域和松花江流域灾区进行慰问。向当地群众传达了中央以及毛主席对大家的关怀，并到安置灾民的非灾区和灾民救治医院进行慰问和视察。历时 18 天的慰问和视察工作对战胜东北特大洪灾、安抚广大群众起到了重要作用。

1953 年 10 月，傅作义赴山东考察水利工作，沿途经过青州、东阿、梁山、聊城、德州、潍县等十几个县市区，足迹遍布鲁西、鲁西北、鲁中、鲁南、胶东、鲁西南各地，沿途听取山东水利部门的汇报，视察水利工程，历时 22 天。

1963 年 8 月，河北境内海河流域连降暴雨，平均降水量在 800 毫米左右，部分地区达到了 1000 毫米以上，暴雨中心滏阳河上游内丘县 7 天降雨量高达 2050 毫米，为当时中国大陆最高纪录，造成了历史上罕见的大水灾。持续的降雨导致洪水下泄衡水、沧州、天津地区，天津市和津浦铁路遭到严重威胁。这时的傅作义已患病多时，行动不便，但面对如此严峻的局面，他毅然率领水利部的同志们深入抗洪一线，视察水情，慰问军民。最终，在傅作义的带领下，广大军民齐心协力，加上 1958 年以来已修建的水利工程发挥的巨大调节作用，终于战胜了洪水，保住了天津市和津浦铁路。

诸如这样的事迹不胜枚举，傅作义为了共和国的水利事业作出了不可磨灭的贡献，可谓是鞠躬尽瘁。他经常这样勉励自己："能直接为人民办点事，向人民群众学习是无比幸福的事情。"

二、治水老人邵力子

邵力子（1882—1967 年），浙江绍兴陶堰邵家娄人，早年留学日本，成为三民主义的追随者。新文化运动兴起后，他积极参与新文化运动，宣传新思想，在 1920 年与陈独秀等人发起成立马克思主义研究会，并参加了上海中国共产党早期组织。在第一次国共合作的大革命时期，曾任国民革命军总司令部秘书长，为北伐战争开展政治、组织工作。后接受陈独秀、瞿秋白的建议，脱离了与中共的组织关系。邵力子在国民党政府中曾先后任甘肃省和陕西省省主席，尤其在任陕西省省主席期间大力兴修水利。

（一）治水陕西

1933 年 3 月，蒋介石为了进一步削弱十七路军杨虎城部的实力，以"军政分治"为借口免去他的陕西省主席职务，改任陕西绥靖公署主任，专门负责军事。然后，调甘肃省主席邵力子任陕西省主席。

1933 年春，邵力子携夫人傅学文到陕西任职。当时在西安驻扎的是从东北撤下来的东北军和原西北军，地方色彩极其浓厚，蒋介石一向对其不放心，所以被放置在此处作为"剿共"主力。对此，张、杨二人也是心知肚明，加之，张、杨二人一向同情共产党，于是反蒋的情绪在这两支部队中蔓延。除此以外，蒋介石的特务系统也加紧了对张、杨二人的监视。这无疑使得陕西的形势非常复杂。邵力子尽量避开复杂的政治斗争，集中精力进行经济建设，这包括大兴水利，促进农业发展。

当然，在这里大兴水利工程的事情，还要起于前任省政府主席杨虎城。陕西关中地区曾在 1929 年发生过大旱，百姓逃荒要饭，流离失所，甚至饿殍遍野，兴修水利成为关中民众的心愿。

在这种情况下，1930 年，时任陕西省主席的杨虎城，聘请李仪祉任建设厅厅长，开始负责陕西的水利筹建工作。李仪祉，1882

年出生于陕西蒲城县，曾两次到德国留学攻读水利专业，学成回国后曾参与创办了河海工程专门学校等水利院校，并在清华、同济等大学执教。①

陕西关中地区建设的第一项水利工程，就是引泾灌溉工程。从1930年开工，至1932年第一期工程完工通水，灌溉面积达50万亩。1935年第二期工程修筑成功，灌溉面积扩大为65万亩（一说达57万余亩）。泾惠渠的成功建设，在中国现代水利史上写下了光辉的一页，也为此后该地区的水利建设探索了经验。

随后，李仪祉又进一步扩展了整个灌溉方案，顺便提出了涉及整个关中地区的"关中八惠"计划，即泾、洛、渭、梅、沣、黑、泔、涝8个灌区的统称。为此，在泾惠渠竣工后，李仪祉辞去建设厅厅长职务，任职省水利局局长，专心致力于"关中八惠"水利工程，实际上，除了泾惠渠外，其他工程主要是在邵力子的支持下完成的。

1933年，邵力子调任陕西省政府主席，同样给予洛惠工程足够重视，在当年就开工修建，到1936年渠道基本完成，但铁镰山五号隧洞受阻，一直到1947年才建完，1950年时灌溉地达到10万亩，后扩灌到70万亩。

就在洛惠工程开始的同时，1933年，李仪祉在邵力子的支持下开始勘测渭惠渠，并于1934年完成设计，方案决定从眉县魏家堡筑坝引水，灌溉武功、兴平、咸阳等地60万亩农田。1935年动工，1936年建成通水，灌溉农田面积达30万亩。当泾惠和洛惠两渠先后修建后，被百姓称为大禹治水，为陕西人民造福。在同一年，在眉县开始梅惠渠建设，1938年6月竣工通水，浇灌农田达30万亩。同时相继完成了龙门闸、风陵渡的工程。虽然邵力子在

---

① 《李仪祉与"关中八惠"》，《光明日报》2013年2月20日。

西安事变发生后一度调离了西安，但在前期设计和规划的基础上，1937 年陕北米脂织女渠也相继开工。到 1938 年，泾、渭、洛、梅四渠已初具规模，总灌溉面积达到 180 万亩。此外，邵力子还支持李仪祉陕南引水计划，并初步测定了陕南汉惠渠、褒惠渠。

与此同时，邵力子还不断加固黄河堤坝，治理黄河水患。1934 年，黄河在潼关段出现险情，邵力子亲临观察，并且敦促黄河水灾救济委员会拨款一万五千元抢修，使黄河滩之平民县避免迭次水灾告急，解脱危险之忧，并拨款平民县进行移民和兴修防汛工事。邵力子在省政府委员会上提出拨款三十万元救济黄河水灾。1935 年 4 月在西安各界扩大纪念周大会上，邵力子提出"踊跃救灾"，并在 7 月拨款救济陕西农村贷款五十万元。

显然，邵力子在陕西的这些水利事业的作为，不仅使其旱涝灾害的防治有了较大的改观，也使其在生产技术极其落后的情况增加了农业收成，甚至有了很大发展，也让陕西的农民记住了邵力子，更让率领红军进入陕西的毛泽东对其有了一定的了解，这也是新中国成立后邵力子再次与水利结缘的重要原因。

（二）淮河的视察与建议

1949 年，在国共双方没有达成了《国内和平协定》后，邵力子毅然决定留在北平，并在 1949 年 6 月中旬作为主席团成员之一，参加了北平新政治协商会议。7 月，又参加了第一次全国文代会，被选为全国文联常务委员。10 月 1 日，参加了开国大典，并登上了天安门城楼参加了阅兵仪式。随后，参加全国政协第一届第一次会议。在中华人民共和国成立后，邵力子曾任中央人民政府政务院政务委员，第一至三届全国人大常委会委员，第一至四届全国政协常委，民革常委。除了在全国文联任职外，还在华侨事务委员会、中国人民外交学会、中苏友好协会、世界和平理事会等任各种职务。

这些看似与水利无关，但邵力子还是因为淮河与治水再次结缘。

新中国成立后，淮河水患的发生让中央政府下定决心治理。如何治理淮河对初掌政权的共产党人来说基本上没有任何经验，因为无论在井冈山还是在陕北由于地域条件、战争形势等原因，都没有进行过大的水利建设，现在要搞好这样的水利工程，显然离不开在过去搞过水利建设的人，至少要倾听这些人的建议，这自然就包括了邵力子，因为他在主政陕西时有过成功的引水灌溉和治理黄河经验。

1950年深秋，为了听取治理淮河的意见，毛泽东专门邀请邵力子和傅作义到中南海颐年堂的住处。毛泽东说："今天我请二位来，就是为治理淮河的方案，听听你们的意见。"他对邵力子说："先生当年做过西京王。记得我们红军一到陕北就听到老百姓美传先生是大禹治水。先生重视黄河水利，先后修建了泾惠和洛惠两大渠，还有龙门闸、风陵渡的工程，很浩大嘛！陕西的老百姓至今仍在流传先生当年治水的故事。"同时还提出："先生在那时的作为，今天看来也确实是难能可贵啊！今天请先生来，一是想听听先生的意见，二是如先生能离京去实地考察，那是最好不过。"邵力子当时就应承下来。

为了更好地了解淮河治理情况，毛泽东派出了赴淮河的考察团。其实，这里面有一件事情那就是考察团负责人的变动，按照原来计划考察团由张治中和邵力子共同负责，但在临行前突然发生了情况，张治中病倒了。鉴于这一情况的发生，5月5日，毛泽东特别派江青持亲笔函到张治中家中慰问。毛泽东在亲笔函中写道：

文白先生：

来信读悉。闻病甚念。视察团有邵先生领导也就可以了，您可以安心休养，以期早愈。即颂

痊安！

1951年5月，邵力子遵照毛泽东的指示，以"中央治淮视察团"代理团长的身份，率领各民主党派及中央有关各部负责人共32人，分赴皖北、河南、苏北三省工地和南京、上海、海宁等地视察。临行前，毛泽东题词："一定要把淮河修好"，并制成四面锦旗，让邵力子赠给治淮委员会及皖北、河南、苏北三个治淮指挥部。

邵力子率领中央治淮视察团一行32人首先来润河集闸工地视察，并带来中共中央和毛泽东给干部、民工、英雄模范的奖品和"一定要把淮河修好"的大幅题字（印制5万份）。这对修建水闸的民工是莫大鼓舞。

9日，以邵力子率领的中央治淮视察团到达开封，并将毛泽东主席题写的"一定要把淮河修好"的锦旗授予河南省治淮总指挥部。同时还发表了《告淮河流域同胞书》，指出治淮工作的目标是一定要把淮河治好，表达了根治淮河水患的坚定决心和信心。其主要内容如下：

> 自从去年七月，淮河发生了严重水灾，全国人民、中央和全国各级人民政府都表示最大的关切，毛主席特指示政府有关单位，立即展开大规模的救灾和治理淮河的工作。中央水利部随即召开治淮会议，拟定治淮方针规划，最后由政务院作出关于治理淮河的决定。紧接着便成立了治淮委员会，动员一切有关力量，在极短的时间内完成了一切必要的勘测和准备工作。为了结合救灾，以工代赈，并且有一部分的工程先期开工。半年以来，沿淮地区的严重灾荒已经基本克服，治淮工程的全盘计划也已经制定。这一个初步的成就是伟大的，也是经过极短艰苦的奋斗得来的。在这个奋斗的过程中，各级干部和群众同艰苦、共患难，对于抢救灾民，组织生产，动员修堤治水，都发挥了坚强无比的领导作用和刻苦牺牲的精神。沿淮同胞在诸多缺乏的条件下，对于救灾治淮，始终抱着坚定的信心。在水

灾之后，立即抢种了晚秋作物，组织起农业生产，并在冰天雪地中，受冻忍痛，组织着治水工作。在各级干部和群众中，不断出现了许多可歌可泣的故事，真是使人感动！使人钦佩！现在治淮工程已经全面展开，若干主要工程还得在今年汛期以前完成，这一个紧急而巨大的工程，是今年淮河流域人民生活和农业生产的保障，并且是今后长期根除水患发展水利的基础，关系非常重大。因此毛主席及周总理非常关心，特派我们来看望你们，并代表他们和中央人民政府向你们致以亲切的慰问和诚挚的敬意！

就我们今天治理淮河的方针和计划来说，和过去反动统治时代有着极显著的差别。在反动统治时代，治水工作从未受到应有的重视；且往往只照顾统治阶级的利益，而完全不顾一般群众的需要；或者是照顾了一个地区的利益，而忽略了另一地区的利益，因而造成许多不合理的措施。只有当政权掌握在人民自己手里的时候，河流的治理才能真正做到上、下游统筹兼顾，全面考虑各方面的利益，然后掌握重点，分别缓急，有步骤有计划地进行全流域的开发。我们现在的治淮方案，正是这样一个全面性的规划。大家一定也知道，治淮工程不只是除患救灾的紧急任务，同时也是国家长期建设的一个部分。过去淮河虽然由于长期失治，以致经常发水患，但就淮河的基本形势看，也是具有非常优越的发展条件。只要治淮全部计划胜利完成，我们对于全部水流能够控制利用，则今日泛滥的洪水，即变为丰沛的资源；今日蓄洪的湖泊，即变为灌溉的水库；今日长期受害的灾区，很快会变为农业丰富、生活宽裕、繁荣茂盛的乐园。这并不是空想，而是你们正在亲手劳动，将来必然出现的事实。

至于工程实施方面，在短少的时间之内，要完成如此巨大的并且包括很多现代化的工程，本来是一件非常艰巨的任务。可是根据我们全体民工和干部同志所表示的艰苦卓绝的精神，我们完全相信，在中央人民政府、华东、中南军政委员会的领导、治淮委员会的主持下，加上全体民工和干部同志自觉自愿的辛勤劳动，这个艰巨的任务一定可以依照期限和进度胜利完成的。

同胞们，同志们，你们一定都明白，治淮工程并不是一个平凡的工作，而是一个变革历史、征服自然的伟大斗争。凡是参加这个斗争的同胞同志们，都应该感到兴奋，都应该引为光荣！我们来淮上的时候，毛主席亲书题字带给你们：

"一定要把淮河修好。"

这是毛主席对你们提出一个伟大而严肃的号召！

这是毛主席给予你们提出一个重大而光荣的任务！

我们相信，大家一定能够尽心尽力来接受毛主席的号召，完成毛主席给予的任务！

让我们热烈欢呼吧：

根治淮河，消减千百年的灾害！

根治淮河，争取年年丰收！

根治淮河，造福万代！

向参加治淮工程的民工、技工、工程师和干部同志们致敬！

中华人民共和国万岁！

中国共产党万岁！

中央人民政府万岁！

伟大的人民领袖毛主席万岁！

淮河流域同胞们永远幸福万岁！①

---

① 《淮河志》编纂委员会编：《淮河志·第七卷·淮河人文志》，科学出版社2007年版，第438—439页。

此前，毛泽东为了支持邵力子的工作，特意亲笔题写了"一定要把淮河修好"几个大字。邵力子命人把毛泽东的题词写在4面锦旗上，准备把4面锦旗分别赠送给豫皖苏3省及治淮委员会。邵力子说，我们走到哪里，就让它飘到哪里。

当邵力子来到淮河岸边的时候，眼前依然是疏落的荒村，歪歪斜斜的泥搭茅屋，解放的欢欣并不能冲洗淮河两岸乡亲们脸上的萎色，衣衫褴褛的老人和孩子们，在阳光下曝晒着嶙峋瘦骨，妇女们黑色的眼珠中，也缺少那本来应有的闪亮的神采，劳动热情高涨的千千万万民工们，吃的是野菜粗粮，喝的是稀汤。望着这一切，邵力子的心也像淮河的水一样翻滚了起来，他深感人民太苦了，建国的任务繁重啊！他的耳边又响起了毛泽东在1950年深秋对他和傅作义所说的话。是啊，一定要把淮河治好！

邵力子在安徽的治淮工地上，恭恭敬敬地把毛泽东题写的锦旗，献给了那些勇敢的治淮英雄们。他广泛接触群众，慰问民工，听取意见，勉励大家，尽力帮助解决困难。就这样，这位70多岁的老人，奉毛泽东之命，行程6783公里，历时52天，踏遍了淮河两岸的山山水水、大小城乡。

邵力子还牢记毛主席和中央的嘱托，认真考察淮河的情况，将自己的所看所想汇集成了报告。1951年6月29日，政务院第91次政务会议在北京召开。会议批准治淮视察团《关于视察淮河情况的报告》。邵力子回到北京以后，曾给毛泽东写了这份考察报告。没过几天，毛泽东亲自给邵力子打来了电话，说："先生的报告拜读了，觉得很好，也符合实际。中央已研究决定，先从淮河向水患宣战。"

三、"化云化雨"王化云

毛泽东一生关心黄河，并决心根治黄河，这就与黄河水利负责人王化云结下了不解之缘,他多次听取王化云关于黄河治理的意见和报告。

王化云,河北省邯郸市馆陶人,1935 年毕业于北京大学法律系。1938 年加入中国共产党。抗战时期,任冠县县长、鲁西行署、冀鲁豫行署民政处处长,冀鲁豫边区黄河水利委员会主任。新中国成立后,任水利部副部长兼黄河水利委员会主任,是新中国治黄机构的第一位领导人。长期致力于治理黄河工作,先后长达 40 年之久。先后提出了"除害兴利、综合利用""宽河固堤""蓄水拦沙""上拦下排"等治黄思想。

(一) 战争年代结缘黄河

1940 年夏,王化云任鲁西、冀鲁豫行署民政处处长、冀鲁豫区黄河水利委员会主任、黄河河防指挥部司令员等职。1946 年以后,王化云一直领导治黄工作,1946 年至 1947 年领导组建冀鲁豫黄河水利委员会和各修防处段。在花园口堵口复堤黄河回归故道之后,执行了"确保临黄(大堤),固守金堤,不准开口"的方针,发动群众,复堤整险,废除汛兵制,建立人民体制,领导著名的高村抢险,保卫了冀鲁豫险工地区的安全。1949 年以后他先后提出"宽河固堤""除害兴利,综合利用""蓄水拦沙""上拦下排"等治河主张。领导废除民埝,堵塞串沟,石化险工,培修大堤,消灭堤身隐患,修建临时蓄洪滞洪工程,为战胜历年洪水打下基础。同时领导堵复沁河大樊决口,修建了引黄灌溉济卫的工程。

提起王化云治理黄河的经历,还得追溯到新中国成立前的战争年代。"黄河安危,事关大局",黄河防洪历来是治国安邦的大事。[①]历代对于黄河的治理基本采用"疏导""分流""筑大堤"的方式将

---

① 刘善建:《治水、治沙、治黄河》,中国水利水电出版社 2003 年版,第 55 页。

黄河下游的泥沙排泄入海，这些治黄方法在短期内收到了良好的效果，但黄河的最大特点是泥沙多，自古有"一瓢河水半瓢沙"的说法，一味筑堤的方法解决不了根本问题，一旦决堤造成的灾难反而更大。1938年6月，面对日军进犯的严峻形势，国民党政府不顾百姓安危，悍然扒开了郑州花园口的黄河大堤。后期为掩盖事实真相，又以日军轰炸黄河堤口为由对外发布宣传电文。可以说，这次黄河水泛滥是一次人为的灾难，据国民党第一战区司令长官参谋长官晏勋甫回忆：1938年5月豫东战役后，国民党军队向西溃退，开封沦陷，郑州危急，平汉线南段已暴露在敌人面前。为了延缓日本侵略军的进攻，蒋介石下令在郑州到中牟间扒开黄河大堤。据晏勋甫回忆：

> 当我在武汉行营任职时，曾经拟过两个腹案：（1）必要时，将郑州完全付之一炬，使敌人到郑后无可利用。（2）挖掘黄河堤。最后认定掘堤有两利：第一，可以将敌人隔绝在豫东；第二，掘堤后郑州可以保全。我和副参谋长张谓行以此计划向程潜请示。商量结果，认为只有掘堤，才可渡过此种难关。

6月正好是农民忙着麦收的季节，忽然奔腾而来的黄河水犹如从天而降，房屋倒塌，人员大量伤亡，成片的村庄顷刻间不见踪影。加之这年黄河水量颇丰，使这片区域成为黄泛区。国民党政府的这一做法，导致黄河向东南泛滥，豫、苏、皖省县的广大群众深受其害。据国民政府行政院在抗日战争胜利后的统计，在8年多的泛滥中，共淹耕地844259公顷，逃离3911354人，死亡893303人。①

---

① 王传忠、丁龙嘉：《黄河归故斗争资料选》，山东大学出版社1987年版，第2页。

1946 年，国民党当局提出"黄河归故"的政策，以重新堵住
1938 年由他们亲手扒开的郑州花园口黄河大堤口门的方式，使黄
河回归古道，经山东流入渤海。我们党在这件事情上秉持同意堵口
的原则，积极筹备大堤堵口前的准备工作。但是国民党一方拒绝和
共产党商议，于 1946 年 3 月 1 日开始在花园口动工打桩，此事引
起社会各界的强烈不满。以此事件为导火索，王化云临危受命，被
冀鲁豫行署任命为冀鲁豫黄河水利委员会主任，开始了影响其一生
的治黄工作。黄河下游的河道是咸丰年间改道修筑的，由于历史原
因，黄河河道的特点是上宽下窄，必须要有牢固的分洪蓄洪工程作
为保障才能确保黄河的长久安宁。王化云通过对历史治黄经验的总
结，认为当前最主要的任务是加固黄河大堤，保持黄河宽窄结合的
特点，减少河道内的民埝，增强黄河的蓄洪能力。

为了维护广大群众的利益，他多次参加国民党的"黄河归故"
谈判，并强烈谴责国民党政府不顾民众安危的做法，动员和组织解
放区的广大军民要一手拿枪一手拿铁锹，在修复黄河大堤的同时要
同国民党政府进行有理有据有节的斗争，初步取得了"反蒋治黄"
的胜利。

（二）潜心治黄四十载

黄河特殊的地理气候自然条件，造就了其多沙善淤的特点。治
理黄河的首要问题就是加大对黄河的水土流失的治理工作。作为黄
河治理的专家，王化云在这一方面做了很多的努力。

1950 年，全国治黄工作会议召开，这是中华人民共和国成立
后第一次黄河工作会议，黄河水利委员会的委员出席了会议。黄委
会的下属机构平原河务局、山东河务局、河南河务局、宁绥工程总
队、水文总站等都参加了此次会议。在会上，大家制定了 1950 年
的治黄方针和任务。此次会议以后，治理黄河的任务由分散走向统

一。会议指出：以防比 1949 年更大的洪水为目标，加强堤坝工程，大力组织防汛，确保大堤，不准溃决；同时观测工作、水土保持工作及灌溉工作亦应认真地、迅速地进行，搜集基本资料，加以研究分析，为根本治理黄河创造足够的条件。①王化云在会上发表了"把黄河粘在这里"为主旨的报告，他指出："治黄工作的最终任务就是变害河为利河。达到这一目的的基本关键是控制黄河的水量和含沙量。在这一问题未得到全盘解决前，黄河的彻底除害和全面兴利都谈不上。广大人民的长远利益要求我们积极地规划黄河长治久安之计，并为实施这种计划创造足够的条件。而人民的现实利益又要求我们尽一切努力，首先防止当前的洪水泛滥，并在不妨碍河防与治本的利益下举办局部的水利事业，求得部分地利用黄水。"②

1950 年至 1954 年，他领导广泛收集地形、地质、水文、气象、植被、水土流失及社会经济等方面的资料，为 1954 年完成《黄河综合利用规划技术经济报告》创造了条件。首先，为了充分利用黄河支流水源，开发黄河干流的发电效益，王化云于 1950 年至 1951 年间深入陕北无定河流域进行考察，著名的龙羊峡、刘家峡坝址就是他会同时任水电总局副局长张铁铮查勘后确定的。此后，王化云又陪同苏联专家深入龙门、芝川、小浪底和邙山等干支流的重要坝址实地考察，极大丰富了自身对黄河的认识。为了能够给苏联专家提供完整资料，周恩来指示国家计委，从燃料工业部、水利部、地质部、农业部、林业部、铁道部和中科院等单位抽调人员组成黄河研究组，王化云担任副组长。③在充分调研后，苏联专家阿·阿·柯洛略夫同意了黄河研究组制定的方向，认为现有资料已

---

① 王化云：《我的治河实践》，黄河水利出版社 2017 年版，第 51 页。

② 王化云：《我的治河实践》，黄河水利出版社 2017 年版，第 51 页。

③ 参见黄河水利委员会勘测规划设计院编：《黄河志·卷六·黄河规划志》，河南人民出版社 1991 年版，第 117 页。

够编制《黄河综合利用规划技术经济报告》。

1955 年 7 月全国人大一届二次会议审议通过《关于根治黄河水害和开发黄河水利的综合规划的决议》后,王化云参与组织领导了黄河上第一座大型工程——三门峡水利枢纽的筹建和建设工作,为我国水利水电工程建设积累了经验,培养了大批建设人才。

1958 年 7 月,黄河下游发生了有实测资料以来的最大洪水,在党中央、国务院的关怀下,在周恩来总理的亲自领导下,王化云组织指挥了这场抗洪斗争。他提出的不使用北金堤滞洪区分洪,依靠堤防和人防战胜洪水的建议得到了周恩来总理的批准。经过河南、山东两省党政军民的共同奋斗,最终战胜了洪水,保证了大堤的安全,避免了分洪的重大损失。

王化云十分重视水土保持工作,20 世纪 50 年代初期就多次深入黄土高原考察水土流失情况,总结群众中的治山治水经验,亲自树立了一批水土保持先进典型,积极组织筹建了水土保持机构,提出了一整套治理方针,推动了水土保持工作的开展。

王化云是我国"南水北调"的积极倡导者之一,早在 1952 年毛泽东同志视察黄河时,他就提出了"南水北调"的建议,后来他多次组织队伍并亲自参加了调水线路的查勘工作,推动了"南水北调"工作的开展。"文化大革命"期间,王化云同志受到"四人帮"的严重摧残,但他相信党、相信群众,仍然心系黄河,继续为治黄事业操劳。粉碎"四人帮"后,他又负责治黄的全面工作,为拨乱反正做了大量工作,特别是为争取小浪底水利枢纽工程的早日兴建,上下奔波,日夜操劳,倾注了大量心血。在他主持黄河治理工作的 40 多年中,为黄河岁岁安澜和治理开发作出了重大的贡献。

(三)来自于实践的丰富治水思想

王化云的一大贡献就是提出了"南水北调"工程的设想。我国水资源的特点是南多北少，长江流域的年均径流量约为 1 万立方米，而黄河的年均径流量仅为长江的 1/20。这就造成了北方的淡水资源人均占有量远远低于南方，西北华北地区常年雨量不足，加之河流水量不足，造成了这些地区严重缺水的局面。从长江和黄河的源头来看，两河仅有一岭之隔，1949 年朱德副主席在各解放区水利联席会议上曾提出联通长江和黄河的倡议。1953 年 2 月，在毛泽东视察南方工作途中，停留郑州并接见河南省领导时，王化云向毛泽东汇报了治黄工作，毛泽东询问王化云："从通天河引水如何？"王化云答道："可行，但是引水量在 100 亿立方米左右，同时需要打 100 多公里的隧洞，修筑 200 多米的大坝。"毛泽东认为 100 亿立方米的水量太少，能多引一些长江水就好了。

为了完成"南水北调"工程的调研准备工作，1958 年 3 月至 11 月，王化云两次带领调研组出发，历时 6 个月零 10 天，行程 26000 多公里，弄清了长江三峡以上引水的 4 条线路情况以及内蒙古、宁夏、甘肃、青海、新疆、陕西六省和自治区的人文地理情况，终于得出"南水北调"方案可行的结论。[①]

1987 年国家计委将"南水北调"西线工程列入"七五"专题研究项目，既保障了工程的投资，前期的工作和科研项目也顺利进行。随着国家西部大开发战略的实施，西线工程的开展能够有效保障工程建设和生活用水需求。当时的"南水北调"宏伟设想如今已成为社会主义国土上浓墨重彩的一笔。

著名的"增水冲沙"方案也是王化云的首倡。黄河的特点是水少沙多，大量的泥沙容易造成河道淤积，黄河中下游的地上河现象就是沙多水少造成的典型问题。减沙工作一直是治理黄河的重中之重，通过植树造林，涵养水土的方式周期太长；利用水库拦沙，只

---

① 王化云：《我的治河实践》，黄河水利出版社 2017 年版，第 266 页。

能短期内解决问题，并非长久之计；利用水库调水调沙，则受限于水量不足的问题。随着国民经济的发展，清水的需求量在逐年上升，显然黄河的大量泥沙不便于日常饮用和工农业建设。因此，王化云认为"南水北调"不仅可以解决南北方水量不对等的问题，更可以直接利用长江水实现对黄河的"增水冲沙"。王化云基于对治黄工作的极大兴趣以及对国内治河经验的研究学习，认为随着"南水北调"工程的顺利竣工加之其他治黄措施的出现，根治黄河沙多水少的目标一定可以实现。

四、"长江王"林一山

"近百年岁月，叱咤风云。十五载戎马生涯，求索北平，驰骋齐鲁，鏖战辽沈，南下荆楚，壮志冲天。矢志不渝也，情操高尚矣，大禹传人难忘林一山。逾万里巨川，奔腾浩荡。六十个治江春秋，辩证问水，三段固本，高峡平湖，南引北济，厥功至伟。哲人其萎乎，余泽长存焉，西陵石壁永镌长江王。"[①] 这段话是对长江水利委员会第一任主任林一山的评价，毛泽东称他为"长江王"。林一山到底是何许人也？

（一）戎马半生

林一山，1911 年 6 月生于山东省文登市泽头镇林村。1931 年在济南读中学期间，他积极投身于抗日救亡运动。1934 年 6 月正式参加革命工作。1935 年 9 月入北平师范大学读书，1936 年 1 月加入中国共产党，担任北平师大地下党中心支部书记，组织并参与

---

① 水利部长江水利委员会：《一山独秀林不老 大江浩荡水长流——沉痛悼念长江委原主任林一山同志》，长江水利网，2008 年 1 月 4 日。

了"一二·九"运动。

在全面抗战爆发后，时任北平大学生军训地下党总支书记的林一山，受中共北方局和山东省委派遣，前往胶东组织和发动抗日武装起义。从1937年11月起，受胶东特委的派遣，林一山到威海开展统战工作。1937年12月，中共胶东特委重建，林一山被任命为中共胶东特委委员。1938年1月15日威海起义后，成立胶东军政委员会，林一山任胶东军政委员会委员兼"三军"政治部主任。1938年2月13日，林一山与理琪、宋澄等领导率领"三军"一部攻打牟平城，取得胜利。从1938年4月起，林一山先后任胶东军政委员会主席兼"三军"总指挥，胶东区党委委员兼宣传部部长和统战部部长，临时参议会参议长、胶东行署副主任。抗日战争胜利后，林一山和山东解放区一部分部队奉命外调东北，成为东北野战军的一部分。

在解放战争时期，进军东北之后，林一山先后担任了辽南省委书记兼军区政委、辽宁省委副书记兼军区副政委等职。从1948年9月至11月，参加了辽沈战役，战役结束后，随同东北野战军挥师进关，参加从1948年11月开始的平津战役。1949年1月15日和3月7日中共中央军委下达命令，东北野战军改称为中国人民解放军第四野战军，林彪任司令员，罗荣桓任政治委员，萧克任参谋长，谭政任政治部主任。而此时的林一山担任第四野战军南下工作团秘书长等职务。1949年2月，第四野战军成立了南下工作团，谭政、陶铸任正副总团长，林一山为秘书长，从6月开始，林一山协助团长谭政、陶铸率领14000多人南下，奔赴中南地区。南下团到达汉口时，一纸来自北京的中央电令任命林一山为中南水利部部长，让他从事并不熟悉的水利工作，先后担任中南军政委员会水利部副部长兼党组书记、中南军政委员会水利部副部长兼党组书记、中南军政委员会财经委员会副主任、长江水利委员会主任兼党委书记、长江流域规划办公室主任兼党委书记、长江水利委员会主任，又担任长江流域规划办公室主任（国务院建制），水利部副部长、水利部顾问等职务。[①] 林一山先后参加了长江流域规划、三峡工程初步勘探等新中国水利事业的开创工作。

林一山刚刚踏进水利工作的大门时，正值新中国在毛泽东带领下进行大江大河的全面治理，虽然他并不熟悉水利工作，但开始接手水利工作后，凭借着一股钻劲儿善于学习，刻苦钻研，积极投身实践，终成为一代水利泰斗。这样的经历和工作性质决定了其一生与毛泽东的多次交集，曾受到毛泽东多次接见。

（二）进言三峡

谈到林一山，一个撇不开的话题就是三峡水利枢纽。这也是林一山向毛泽东第一次汇报工作的一个重要话题。三峡水电站，即长江三峡水利枢纽工程，又称三峡工程。位于中国湖北省宜昌市夷陵区三斗坪镇的长江西陵峡段。1992 年全国人民代表大会批准建设，1994 年正式动工兴建，2003 年 6 月 1 日正式蓄水发电，于 2009 年全部完工。这是世界规模最大的水电站，也是中国建设的最大型水电工程项目。它的建成不仅带来了防洪、航运、发电、养殖等效益，也一度在移民搬迁、环境保护等方面引发了各方较多的关注。实际上，这一伟大工程从开始筹划到建设走过了一段很长的历程，从某种程度上说，它一直伴随着共和国的成长岁月，是几代人的努力结果，当然也离不开毛泽东的最初决策。

1953 年 2 月，第一次视察长江的毛泽东在"长江"舰上召见了林一山，询问他有关长江的情况。毛泽东首先问到了长江水灾的原因，林一山认为以下几方面的原因造成了长江的洪涝多发，"长

---

① 参见水利部长江水利委员会：《一山独秀林不老 大江浩荡水长流——沉痛悼念长江委原主任林一山同志》，长江水利网，2008 年 1 月 4 日。

江水灾的主要成因是暴雨，长江上中游有两大暴雨区，若它们同时降暴雨，所形成的洪水就不可能安全下泻，这种情况，一般5年到10年可能会发生一次。另一种是局部地区的较大暴雨，也能形成特大洪水，比如1860、1870和1935年的洪水，都比较严重。……至于'川西天漏'地区，年降水量可达2000余毫米"。① 继而林一山进一步解释了这些暴雨形成的原因，"由于太平洋强大气团不断向大陆延伸，而大陆气团因受地面复杂因素的影响分裂成许多小气团，它们会随地球由西向东流动，在流动中高气压和低气压互相接触，当低气压由地面向高空流动时，因高空气温降低，使得空气的含水量相对超饱和，这样就变成云雾直到下雨。由于气团之间变化因素很多，所以从必然理论上讲，降雨的道理很容易说清楚，要是作气象预报，就不一定准确……这种暴雨也是在必然基础上发生的"。② 面对长江这种特殊的自然气候条件，如何解决洪涝灾害是毛泽东最关心的问题。对于这一问题，林一山组织国家有关部门和地方政府，基本勘定和设计了"南水北调"路线的规划方案。通过调研考察历时3年，终于编制出以防洪为重点、以水资源综合利用为主体、涵盖经济社会建设各个方面的长江流域综合利用规划，提出了以防洪为中心的治江三阶段的战略方针：第一阶段以培修加固堤防为主；第二阶段以兴建平原分、蓄洪工程为主；第三阶段兴建山谷水库，以进一步控制和调节洪水，并发挥水利枢纽防洪、发电、灌溉、航运、引水和养殖等综合效益，兴利除害。③ 这样的方

---

① 林一山、杨马林：《中国出了个毛泽东——功盖大禹》，中共中央党校出版社1993年版，第95页。

② 林一山、杨马林：《中国出了个毛泽东——功盖大禹》，中共中央党校出版社1993年版，第95—96页。

③ 参见水利部长江水利委员会：《一山独秀林不老　大江浩荡水长流——沉痛悼念长江委原主任林一山同志》，长江水利网，2008年1月4日。

案得到了毛泽东和党中央的认可。

在谈到三峡水利枢纽的建设时，毛泽东问到了关于修建大坝的费用问题。林一山回答道，美国工程师萨凡奇预算过，造价需要13亿美元。当下毛泽东就问身边的罗瑞卿美元的比价，自己计算一下，觉得修三峡大坝造价还不算高。①毛泽东另一个关心的问题就是长江开发的人才，他问林一山有多少工程师，林一山回答道："有270位工程师。"在毛泽东感到惊奇的同时，林一山解释道："1949年，很多单位不要国民党时代的工程师，我们都要嘛。"

林一山汇报即将结束时，毛泽东握住他的手说："好，我算是了解了长江，了解了长江的许多问题和知识，学习了水利，谢谢你。"②

（三）奉命勘察"南水北调"的路线

就在毛泽东勘察黄河时，时任黄河水利委员会负责人的王化云提出了引通天河到黄河的计划，"引水100亿立方米是可能的。不过，需要打100公里的山洞，还要同时在通天河上建筑一座高坝，水就可以从通天河经过色吾曲、嗒日曲进入黄河"，并表示："大概需要10万人，加上机械化，10年可以完成。"③但在毛泽东看来，"引100亿水太少了，能由长江引1000亿立方米水就好了"。④1953年2月，毛泽东考察长江时在听取时任长江水利委员会负责人的林一山汇报后正式提出了"南水北调"的想法。

---

① 源清：《毛泽东情系万里长江》，《党史天地》2006年第2期。

② 源清：《毛泽东情系万里长江》，《党史天地》2006年第2期。

③ 林一山、杨马林：《中国出了个毛泽东——功盖大禹》，中共中央党校出版社1993年版，第83页。

④ 林一山、杨马林：《中国出了个毛泽东——功盖大禹》，中共中央党校出版社1993年版，第84页。

对于"南水北调"工程的选址，毛泽东就表示，"从嘉陵江上游白龙江和西汉水向北引水行不行？"[①] 林一山摇头说道："不行。"在毛泽东问道原因时，林一山提出："白龙江发源于秦岭，向东南流向四川盆地，越向下游水量越大，且地势越低就越难穿过秦岭把水引向北方。如果越接近河源，工程的可能性越大，但水量却越小，因而引水价值不大。"[②] 继而毛泽东又提出了"引汉江水行不行"的问题，林一山当即表示"这有可能"，他指出："汉江上游和渭河、黄河平行向东流，中间只有秦岭、伏牛山之隔，它自西向东，越到下游，地势越低，水量越大，而引水工程规模反而越小，这就有可能找到一个合适的地点来兴建引水工程，将汉江通过黄河引向华北。"[③] 毛泽东根据林一山的这一提议，最终确定了把湖北的均县作为"南水北调"的枢纽站，也就是今天的丹江口水利枢纽工程的所在地。事实上，此时的丹江口水库已经确立为开发汉江的关键性工程，而毛泽东的提议似乎让林一山看到了丹江口水库的另一重要用途，即成为"南水北调"工程的枢纽性工程。显然，经过这次谈话，毛泽东对于"南水北调"工程的实施已经心中有数，并明确表示让林一山加强全面的调研和勘察，拿出一个具体的方案，"三峡问题暂时还不考虑开工，我只是先摸个底。中央分管这项工作的同志，你也暂时不跟他们讲，但南水北调工作要抓紧。"[④]

根据毛泽东"南水北调"的指示，林一山回到长江水利委员会所在地武汉就开始布置"南水北调"的路线勘察工作。把"南水北调"

---

① 源清：《毛泽东情系万里长江》，《党史天地》2006 年第 2 期。

② 林一山、杨马林：《中国出了个毛泽东——功盖大禹》，中共中央党校出版社1993 年版，第 111 页。

③ 林一山、杨马林：《中国出了个毛泽东——功盖大禹》，中共中央党校出版社1993 年版，第 111 页。

④ 林一山、杨马林：《中国出了个毛泽东——功盖大禹》，中共中央党校出版社1993 年版，第 112—113 页。

工程列为长江流域水利资源综合利用规划的一项极为重要的内容。这一规划思想得到了党中央、毛泽东和周恩来的充分肯定。1958年，在成都会议上就此问题作了专门决定。与此同时还进一步加大了对毛泽东选定的丹江口水利枢纽地址的实地考察。在20世纪50年代，他带领长江委选好了从丹江水库自流引水华北、直达京津的引水线路，这就是现在建成的"中线调水"工程。

此外，他还多次深入青藏高原巴颜喀拉山区，寻找一条从西南向西北调水的线路，并提出了西部调水方案。[①] 经过半个多世纪的实践证明，林一山以深邃的远见卓识制定的这个规划是完全正确的，它对推动长江水利建设和长江流域经济社会建设发挥了重要的作用，为当今水利事业的发展奠定了坚实的基础。林一山同志也因此开创了水利理论和工程技术创新的新境界，成为长江流域综合利用规划的首倡者和重要奠基人。

（四）开辟先进水利理论的崭新境界

林一山是一位筚路蓝缕的水利事业家和理论家。新中国成立后不久，长江流域就发生了特大洪水，林一山亲眼看见了长江、汉水破堤溃垸、住房倒塌、百姓流离失所的惨状，深切感受到长江洪水灾害是党和国家事业发展的大患，于是他以咬定青山不放松的精神，毅然投身于治理长江的大业中。他白手起家，仔细研究历朝历代的治江经验，并深入实际进行调查研究，为了长江的治理呕心沥血。在水利工程建设的实践中，在水利工程科学理论的指导下，他创造性地提出了水文与气象相结合进行防汛预报和水库预报调度，通过合理调度运用使水库长期得以利用的理论，"做好河势规

---

① 水利部长江水利委员会：《一山独秀林不老　大江浩荡水长流——沉痛悼念长江委原主任林一山同志》，长江水利网，2008年1月4日。

划为确定水利枢纽、特别是低水头水利枢纽工程总体布置方案打好基础"①。

此外，他常常不畏艰险，去重点河段进行勘查，指导观测和资料分析，从而掌握了长江从江源到江口全流域的第一手资料。在不断调查研究的基础上，他于1953年提出了水库移民工程的新理念，提出了以河流辩证法指导平原河道治理的全新理念和"河势规划"理论，这些理念在现在看来仍不过时，对今天的水利建设事业仍具有指导作用。

---

①　水利部长江水利委员会：《一山独秀林不老　大江浩荡水长流——沉痛悼念长江委原主任林一山同志》，长江水利网，2008年1月4日。

责任编辑：王世勇

版式设计：顾杰珍

责任校对：徐林香

图书在版编目（CIP）数据

毛泽东与新中国水利工程建设／尹传政 著 . —北京：人民出版社，2021.1
（2023.12 重印）

ISBN 978－7－01－023059－7

I.①毛…　 II.①尹…　 III.①毛泽东（1893–1976）–生平事迹②水利工程–
水利史–中国　 IV.① A752 ② TV–092

中国版本图书馆 CIP 数据核字（2020）第 273138 号

毛泽东与新中国水利工程建设

MAOZEDONG YU XINZHONGGUO SHUILI GONGCHENG JIANSHE

尹传政　著

人民出版社 出版发行
（100706　北京市东城区隆福寺街 99 号）

中煤（北京）印务有限公司印刷　新华书店经销

2021 年 1 月第 1 版　2023 年 12 月北京第 2 次印刷

开本：710 毫米 ×1000 毫米 1/16　印张：12.25

字数：158 千字

ISBN 978－7－01－023059－7　定价：58.00 元

邮购地址 100706　北京市东城区隆福寺街 99 号

人民东方图书销售中心　电话（010）65250042　65289539